小林康宏

研究授業
パーフェクトガイドブック

見方・つくり方の
すべてがわかる

明治図書

はじめに

　ある日の研究授業。
　教室の後ろで，子どもの姿をぼんやりと眺める若い教師の姿がありました。
　実にもったいないことです。
　研究授業には，たくさんの宝が埋まっていますが，それを発見するのは参観する側の教師です。記録もとらず，子どもの姿をぼんやりと眺めているのでは何ひとつ発見することはできません。きっとこの教師は，明日も明後日も，同じ授業をすることでしょう。

　その授業の研究協議会。
　研究会ではひとつも発言せず，終了後，知り合いの教師に授業についての自分の意見を得意げに語っている教師がいました。そんなときに述べられる意見は，きまって授業に対する批判です。
　なんて器が小さいのでしょう。
　授業を見て考えたことは，研究協議会で述べればよいのです。そうすることによって，自分の授業を見る力，授業をする力が鍛えられます。
　自分が出した意見が的外れであれば反論が返ってくるでしょう。
　それでよいのです。
　反論されることで「なるほど，そういう分析をするのか」といったように自分の感覚が鍛えられるのです。
　反対に，自分が出した意見が適切ならば，同調する意見が出されるでしょう。賛成意見が得られることで，自分の授業づくりの感覚に対して自信をもつことにつながります。

　ある学校の教室。
　何かと理由をつけて，研究授業の授業者を避けてきたベテラン教師が受け持つ学級。子どもたちはうんざりした顔で授業を受けています。授業をして

いる側も楽しそうではありません。
　寂しいことです。
　ベテランになるにつれ，まわりから授業力を向上させるためのアドバイスはされなくなります。年下の教師に聞こうにも，聞きづらくなります。頭も固くなります。
　蓄積したものがないと待っているのは哀れな末路です。
　若いうちは，年齢が近いというだけで子どもはついてきます。けれども，年齢が上がるにつれ，子どもたちの気持ちは離れていきます。

　教育という仕事は，教える者と教えられる者との信頼関係という前提のうえに成立しているので，そこが崩れてしまえば，授業も成立しません。
　授業における信頼関係は，「この先生の授業は，楽しくてためになる」と子どもが実感することにより生まれるものです。
　子どもたちと楽しく授業を行い，しっかりと力をつけていくための唯一の道は，「授業力を向上させること」です。
　そして，授業力を向上させるための最大の方法は「研究授業を見ること，そして行うこと」です。
　けれども，研究授業をどのように見るのか，行うのか，研究協議会にどのように参加するのか，といったことについては，実はあまり語られることがありません。
　本書では，はじめて研究授業を見る，つくる先生にも役立てていただけるよう，それらのことについて，やさしく，なおかつ詳しく解説しました。各教科・領域で研究授業を行う際のポイントやモデル指導案も示しています。
　授業力を高め，子どもと楽しく授業を行いたいと願う先生方の一助になれば幸いです。

　2018年5月

　　　　　　　　　　　　　　　　　　　　　　　　　　小林　康宏

もくじ

はじめに

第1部 研究授業を見る

第1章 研究授業を見る前に
- 01 研究授業とは ……………………………………………………… 8
- 02 指導案を読み解く手順❶ ………………………………………… 10
- 03 指導案を読み解く手順❷ ………………………………………… 12
- 04 座席表からクラスが見える ……………………………………… 14
- 05 研究授業の4つの持ち物 ………………………………………… 16

第2章 研究授業を見るときに
- 01 授業の規模で見方は変わる ……………………………………… 20
- 02 研究授業を見るベストポジション ……………………………… 22
- 03 授業参観,3つの基本 …………………………………………… 24
- 04 授業の見方は5段階 ……………………………………………… 26
- 05 授業の形態によって見どころは変わる ………………………… 28
- 06 教科によって見方は変わる ……………………………………… 30
- 07 領域によって見方は変わる ……………………………………… 32
- 08 研究授業で見るのは授業者か子どもか ………………………… 34
- 09 教室環境からも学ぶ ……………………………………………… 36
- 10 研究授業を見るときやってはいけない6つのこと …………… 38
- 11 他校研修への臨み方 ……………………………………………… 40

第3章 研究協議会に臨むときに
- 01 研究協議会にはタイプ別の特性がある ………………………… 44
- 02 発言の聞き方 ……………………………………………………… 46
- 03 研究協議会での発言には3つのレベルがある ………………… 48
- 04 付箋へのメモ,話し合いのまとめ方 …………………………… 50
- 05 助言者の指導の効果的な聞き取り方 …………………………… 52
- 06 研究協議会でやってはいけない3つのこと …………………… 54

第2部 研究授業をつくる

第1章 指導案をつくるときに

- 01 立候補の数だけ腕は上がる……58
- 02 指導案のつくり方❶──基本的な考え方……60
- 03 指導案のつくり方❷──指導案全体の書き順……62
- 04 指導案のつくり方❸──主眼に必要な5つの要素……64
- 05 指導案のつくり方❹──首尾一貫した展開……66
- 06 8つの計画を立てる……68
- 07 子ども一人ひとりを思い浮かべ座席表をつくる……70
- 08 指導案づくりでやってはいけないこと……72

第2章 研究授業を行うときに

- 01 子どもたちにしっかり予告を……76
- 02 腹をくくって臨む……78
- 03 研究授業でやってはいけないこと……80
- 04 研究協議会で授業者が語るべきこと……82
- 05 参観者の質問には4つのタイプがある……84
- 06 参観者の意見の受け止め方……86
- 07 助言者の指導講話の聞き方……88

第3章 各教科の指導案作成のポイントとモデル指導案

- 01 国語の指導案作成のポイントとモデル指導案❶ 話すこと・聞くこと……92
- 02 国語の指導案作成のポイントとモデル指導案❷ 書くこと……96
- 03 国語の指導案作成のポイントとモデル指導案❸ 読むこと……100
- 04 国語の指導案作成のポイントとモデル指導案❹ 古典……104
- 05 国語の指導案作成のポイントとモデル指導案❺ 書写……108
- 06 社会の指導案作成のポイントとモデル指導案……112
- 07 算数の指導案作成のポイントとモデル指導案……116

08	理科の指導案作成のポイントとモデル指導案	120
09	音楽の指導案作成のポイントとモデル指導案	124
10	図画工作の指導案作成のポイントとモデル指導案	130
11	体育の指導案作成のポイントとモデル指導案	136
12	外国語・外国語活動の指導案作成のポイントとモデル指導案	142
13	道徳の指導案作成のポイントとモデル指導案	148
14	総合的な学習の時間の指導案作成のポイントとモデル指導案	154

おわりに

第1部 研究授業を見る

第1章 研究授業を見る前に

- 01 研究授業とは ……… 8
- 02 指導案を読み解く手順❶ ……… 10
- 03 指導案を読み解く手順❷ ……… 12
- 04 座席表からクラスが見える ……… 14
- 05 研究授業の4つの持ち物 ……… 16

01 研究授業とは

研究授業は，あなた自身の授業力を高めるためのもの。
そして，あなたが日々接しているかわいい子どものためのもの。
たくさん見て，たくさんやることが上達への唯一の手段。

☑ 研究授業の目的

　日本全国，どこの小学校に行っても，一年に数回は必ず「研究授業」があります。日本中から教師が集まる何千人規模の研究授業もあれば，参観者が隣のクラスの先生だけという研究授業もあります。

　そんな研究授業に向けて，どの教師も指導案を書いて，しっかりと準備をして臨みます。日々の生活指導，学級経営，授業づくり…と，とても忙しいにもかかわらず，です。

　では，研究授業の目的とは一体なんでしょうか。
　ひと言で言えば，**授業力を高めるため**です。

　子どもが学校で過ごす一日の時間のほとんどは授業の時間です。私たち教師は，授業を通して，子どもに学力をきちんとつけることが大きな使命です。けれども，子どもたちに授業を行っていく中でうまくいかないことはたくさんあります。

　物語の読み取りをさせたいのだけれど，手をあげる子は2，3人，他の子はみなとてもつまらなさそうな顔をしている…。

　体育でマット運動をしたいのだけれど，体育館で子どもたちが騒いでしま

って全然授業が進まない…。

このような状況に陥らず,あるいはこのような状況から脱出し,すべての子どもたちが楽しく活動し,満足して,そしてしっかりと力がつく授業をしたい,と教師ならだれでも思うはずです。
その願いを達成させるためにあるのが「研究授業」なのです。

☑ 授業力を高めるための2つのアプローチ

研究授業を通して,授業力を高めていくためには2つのアプローチがあります。
1つは研究授業を見ることです。もう1つは研究授業を行うことです。それぞれのメリット・デメリットを大まかにまとめると下のようになります。

研究授業を見る	研究授業をする
○魅力的な授業のイメージをつかむことができる	○しっかりとプランを立てて行うので授業の仕方が身につく
△実際やっていないので,本当にできるかわからない	△準備が大変であり,見られる緊張感は計り知れない

「見る」と「する」のバランスが大切です。よい授業をたくさん見て,よいイメージをつかみつつ,たくさん研究授業をすることで,授業力は確実に高まります。

> **POINT**
> 研究授業を見たり,行ったりすることで,授業力は高まる。
> ただし,見る場合には視点をもつこと,行う場合にはしっかりとしたプランを立てることが必要。

02 指導案を読み解く手順❶

 指導案は，研究授業をする学校・部会の教師が力を合わせてつくったもの。つくった先生方に敬意をもち，そのうえで筋道立てて読み，頭をスッキリさせて授業を見たい。

☑ 問題意識をつかむ

　手元に届いた指導案。難しい言葉が並んでいて，読んでも，読んでも理解できない。そういった経験はありませんか？

　指導案を読んで理解していくには，大まかな手順があります。
　最初に頭に入れることは，**研究全体の問題意識**です。つまり，何を目指して研究しているのかを把握することです。例えば，「表現力を身につけさせる」といったことです。
　それをどこからつかむかといえば，**「研究テーマ」**です。
　そして，なぜ研究テーマで掲げていることを目指すのかを**「テーマ設定の理由」**から読み取ります。例えば，「本校の児童は，文章を書くときに自分が考えたことを述べることが苦手である」といったことです。
　まず，問題意識をつかみ，それがどのようにして解決されていったのかという視点で研究内容を読んでいきます。

☑ キーワードの連鎖を読む

　研究内容には，研究の視点や方法，研究の歩みとしての実践が書かれています。特に，実践と考察のボリュームが多いときには，読んでいるうちに五

里霧中になる場合があるかと思います。そうならないためには**キーワードの連鎖を追っていくことが一番のコツ**です。

　研究テーマを受けて，研究の視点や研究の柱が指導案冒頭に示されている場合は，その視点や柱に書かれている言葉に関連するものを追って一度読んでいきます。

　研究の視点や柱が書かれていない場合は，研究テーマに書かれた言葉に関連するものを追って一度読んでいきます。

　そうすると，何回も登場する言葉があります。二度目にその言葉にアンダーラインを引きながら読んでいくと，その指導案で述べていることの骨格をつかむことができます。

　けれども，テーマ，視点，柱に書かれている言葉とは関連しない言葉が何回も繰り返されている場合もありますし，テーマとは離れたところで実践の考察が書かれている場合もあります。指導案を読む最も基本的な姿勢は，**研究部会の意識に同化する**ことです。そういった場合は，読み手の側で研究部会の思いをつなぎながら理解していくように努めましょう。

☑ 研究の成果と課題をつかむ

　指導案の後半には，研究授業の前までにどんな成果が上がり，どんな課題が残されているのかが書かれています。

　成果については，研究授業でどのように生かされるのかという意識で読みましょう。課題については，この課題が研究授業でどのように解決されるのかという意識で頭に入れておきましょう。

> **POINT**
> まず，この研究の問題意識は何かつかもう。
> キーワードの連鎖から研究の流れをつかむ。
> 最後に，何が成果で，何が課題となっているのか読み取ろう。

03 指導案を読み解く手順❷

> CHECK 本時の学習指導案をしっかりと読み解き，授業の流れを具体的にイメージしていく。
> そして，見どころを決めて授業を参観したい。

☑ 主眼から授業の骨格とゴールをつかむ

「**主眼**」には，基本的に「どんな場面で，どんな活動を通して，どのようになることができる」かが書かれています。

例えば，「『ごんぎつね』でごんの兵十に対する償いの気持ちの変化を考える場面で，ごんが兵十に持って行った物を取り出して比べて考えたことを話し合うことを通して，償いの気持ちが強くなっていったことを理解することができる」といったように書かれています。

そこからまず授業の大まかな骨格と願う姿をつかむことができます。この授業では，ごんの気持ちの変化について考えて話し合っていくという骨格，そして，願う姿は償いの気持ちが強くなったことを理解するということが，主眼からわかります。

☑ 2つの立場で展開を読む

実際の授業がどのように進んでいくのかが，「**展開**」の部分には書かれています。ここで具体的に授業のイメージをつかんでいきます。

そのためには，2つの立場に自分を同化させながら読むことが必要になります。

まず，**授業者の立場**になって読みます。学習活動で，「全文を音読する」

などとあったら，どんな言葉を投げかけて音読を始めるのかを想像します。次に，教師の指示や発問に反応する**子どもの立場**になって読みます。音読の指示が出されたときの気持ちを想像します。学級担任をしているのであれば，「自分のクラスのあの子ならどんな反応をするかなぁ…？」などと考えてみるとよいでしょう。

そのような意識で，授業者と子どもとのやりとり，子ども同士のやりとりを想像しながら指導案を読んでいきます。

そうすると，授業の様子が目に浮かんできます。

☑ 授業の見どころを定める

授業の様子が目に浮かんできたら，次は授業の見どころを定めます。見どころの定め方には２つあります。

１つは，研究の流れに沿って見どころを定めることです。

研究の成果や課題を生かし，授業の中で打つ手立ての効果について見るのです。これについては，指導案に**「授業の視点」**などの言葉で記載されています。

もう１つは，自分なりの見所を定めることです。

授業のイメージをもったところで，この部分は，実際に子どもたちは指導案通りに活動するのか疑問に感じるとか，話し合いでどんな言葉を交わし合うのか，といったことです。

授業者の立ち位置，表情，板書，机間指導の順番なども然りですが，見どころを定めることで，授業を見ることへの主体性も一層高まります。

POINT

まず，「主眼」を読み，授業の骨格をつかもう。
「展開」は，自分が授業者・子どもになった気持ちで読もう。
そして，授業の見どころをしっかり定めよう。

04 座席表からクラスが見える

> 座席表はなんのためにあるのか。
> 参観者にとっては，クラスの様子を知り，焦点を絞って，授業を参観するためにある。

☑ クラスの全体像をつかむ

　座席表を見ると，授業学級の様子が詳しく見えてきます。指導案では表現しきれなかった一人ひとりの学習の姿が見え，参観する側にとって一層授業のイメージを具体的にもつことができます。

　そのために，3つのステップがあります。

　まずは，**クラスの全体像をつかみます。**

　座席表には，子どもの実態が書かれています。「自己表現がよくできる＝A」「自分を表現することに抵抗がある＝C」などのように大まかに実態が書かれている場合もあります。また，「前時の様子」「課題に対する児童の考え」といったように，これまでの学習状況が端的に書かれていたり，本時ではどのような意識で臨んでいるかといったことが書かれていたりします。これらを一つひとつ読んでいくことで，クラスの一人ひとりの現在の様子がわかり，それらを束ねた全体像をつかむことができます。

☑ 授業者がどんな手立てでどのような姿を目指すのか知る

　次に，**授業者が一人ひとりに対して願う姿，そして願う姿に到達するために一人ひとりにどのような手立てを講じようと意図しているか**をつかみます。

　「自分の考えをもつ」という主眼を達成した姿や，「自分の考えをもち，他

の子にもそれを広げる」など，主眼達成をベースにして，さらに発展的な姿を目指すものがあります。授業者は，一人ひとりにどんな願いをもって，この1時間を構想しているのかを把握しましょう。

そのうえで，願う姿の達成のために，どのような手立てを講じるのかを読み取ります。

自分の考えがなかなかもちにくい子には「個別支援で考える手がかりを示す」というものがあったり，自分の考えを早い段階からもてる子には「グループ内の他の子に考えを伝えさせる」というものがあったりします。

また，研究の成果と課題を受けて授業を行う場合には，研究に基づく手立てが示されています。

実態，願い，手立てを読み取ることで，授業学級の子どもたちの学習の様子と，実際の授業での展開と終末の姿が見えてきます。

☑ だれに目をつけて見るか決める

最後に，**観察対象を決めます。**

中心に見る子を決め，その周辺の子を合わせて見ていくというようにします。では，どんな子を中心に見るかというと，やはり，授業の中で伸びていくことを期待する子です。「自己表現が苦手」と書かれていた子が，1時間でどのように伸びていくかということを見ていきます。そのためには，子ども同士でのかかわり合いが大きな要素です。したがって，伸びていくことを期待する子の傍に学習を多少リードする子がいるような配置になっているところに自分のポジションを確保して，その2人を中心に見ていきます。

> **POINT**
> まず，クラスの全体像をつかもう。
> 次に，授業者の願いと手立てをつかもう。
> 後に，観察対象として2人くらいを決めよう。

05 研究授業の４つの持ち物

研究授業を見て記録をしっかりとるために必要な持ち物は４つ。Ａ４コピー用紙，三色ボールペン，Ａ４クリップボード，クリアファイル。これさえあれば大丈夫。

☑ 自分で罫線を入れたＡ４のコピー用紙を用意

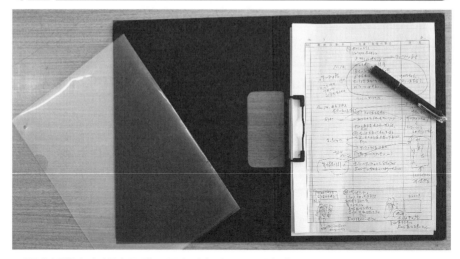

　研究授業を参観する際，最も大切なのは記録をとることです。そこで，おすすめするのが，自分で罫線を入れて表形式にしたＡ４の紙を10枚程度用意するということです。**項目は時刻，教師の動き，児童の動き，考察の４つ**です。また，**枠外に日付，学年，授業者，教科，単元名**を入れます。

　多くの授業では板書をします。そこで，最後の１枚を除き，紙の下の方を５，６cm程度切ります。最後の１枚だけ下まで残っているので，そこに板書

を写すとページをめくっても常に板書は見える状態にできます。

☑ 三色ボールペンの色を使い分ける

まず,「黒」は授業の流れを記録していくのに使います。発問,指示,発言だけでなく,子どもの表情や姿勢を記録します。残りの「青」と「赤」は考察をつけるときに使います。例えば,「青」で「参考にしたいな」と思ったことを,「赤」で「自分だったらこうするな」と思ったことを書きます。ちなみに,おすすめの三色ボールペンは,三菱の「ジェットストリーム」の0.5㎜です。とにかく滑りがとてもよいです。

☑ A4クリップボードでスムーズな記録を

A4のクリップボードには上で綴じるものと横で綴じるものがあります。**おすすめするのは横綴じ**です。紙の長い方が固定され,ページをめくりやすいからです。クリップボードには,**一番下から指導案・記録用紙を重ね,一番上に座席表が来るようにします**。こうすることで,発言した子は誰かすぐ確認でき,指導案もすぐ確認できます。大学ノートではできません。ちなみにおすすめするのは,セキセイの「クリップボード A4-S FB-2026」です。

☑ もらった資料はクリアファイルへ

他校に行ったときには,授業に直接関係のない資料も渡されます。それらはいったんクリアファイルに入れておきます。帰ったら,**授業記録をはじめとするすべての資料にパンチ穴を空け,ファイルに綴じ込みます**。

> **POINT**
> 授業は目の前でどんどん進んでいく。
> 貴重な姿を見逃したり,聞き逃したりせず自分の学びを高めるためにはシンプルかつ過不足ない持ち物が必要。

第1部 研究授業を見る

第2章 研究授業を見るときに

- 01 授業の規模で見方は変わる……20
- 02 研究授業を見るベストポジション……22
- 03 授業参観，3つの基本……24
- 04 授業の見方は5段階……26
- 05 授業の形態によって見どころは変わる……28
- 06 教科によって見方は変わる……30
- 07 領域によって見方は変わる……32
- 08 研究授業で見るのは授業者か子どもか……34
- 09 教室環境からも学ぶ……36
- 10 研究授業を見るときやってはいけない6つのこと……38
- 11 他校研修への臨み方……40

01 授業の規模で見方は変わる

> **CHECK** 研究授業は、その規模によって大きく3つに分けられる。
> 他校の公開授業、校内研究の授業、個人研究の授業。
> それぞれによって、見方、生かし方は異なる。

☑ 他校の提案に学ぶ

　研究授業を見る中で、最も規模の大きいものは、他校の公開授業です。

　全国大会規模のもの、都道府県大会規模のもの、地区大会規模のものと、他校の公開授業のうちにも規模の違いはあります。が、共通していることは、その学校で積み重ねてきた研究の成果を発信しているということです。

　したがって、その学校ではどんなことを提案しようとしているのかをつかむ意識をもつ必要があります。具体的には、研究授業の指導案や、公開授業前のプレゼンテーション、そして、授業そのものからつかみます。

　肝心なことは、その先にあります。

　それは、**他校で発信していることを自分のクラスに当てはめる**ということです。一番もったいないのは「すごいなぁ。私にはできないや」とか「この学校だからできること。うちの学校には無理」という気持ちになることです。

　無理なことは決してありません。

　その学校で提案していることのうち、**1つでよいから自分のクラスで使ってみようというものを持ち帰る気持ちが大切**です。あの学校でできるんだから、私のクラスでもできるはず。そういった気持ちで、公開授業で学んだことを一つひとつ自分のクラスに生かしていけば、子どもは幸せですし、自分も伸びていきます。

☑ 校内研究授業を見て，共有したいことをつかむ

年に何回かは，校内で多くの教師が参観する研究授業があります。

校内の研究授業を見る際に，最も心に留めることは，この授業を受けて共有していくことは何かを考えていくことです。

共有していくことは大きく分けて2つあります。

1つは，**研究内容の共有**です。

研究授業をつくった部会は，この学校の子どもたちの実態を受け，この学校の子どもたちによりよい授業を提供することを考えて授業を公開してくれています。研究部会が授業を通して提案している内容から，学校全体で共有していくことを考えながら授業を見ていきましょう。

もう1つは，**学級の様子の共有**です。

掲示物や机の配置などの教室の雰囲気，発言の際の手のあげ方，立って発言するかなど授業のマナー，そのクラスの子どもの様子など，同じ学校でも，研究授業のときでないとわからないことがあります。

授業学級の様子を共有し，よい点はお互いのクラスでもやっていくことにより，学校全体としての教育の質が，一体感をもちながら上がっていきます。

☑ 個人研究から技を盗む

部会として提案する授業ではなく，個人で授業を見せてくれるという場合には，授業からたくさんの技を盗もうという気持ちをもつことが大切です。授業後にはたくさん質問をし，授業のつくり方を教えてもらいましょう。

> **POINT**
> 公開授業からは，他校で提案していることを学ぼう。
> 校内研究からは，自分の学校で共有したいことをつかもう。
> 個人研究からは，その先生の持ち味を学ぼう。

02 研究授業を見るベストポジション

 せっかく見せていただく研究授業。
子どもの活動をできるだけしっかり見たい。
表情，視線，細かなところまでじっくり観察したい。

☑ 遠慮しない

　研究授業は，授業者も，そのクラスの子どもたちも張り切って行ってくれます。

　授業者に遠慮しているためか，教室の後ろの見にくい場所で固まって見ている参観者がよくいます。けれど，授業者も子どもたちも参観者が来ることは知っていて，その目的は自分たちの授業を見て学ぶためということを心得ています。ですから，参観者が後ろの方で何人も固まっている状態は，授業を提供する側にとっては，かえって張り合いのないものになります。

　教室に入ったら，遠慮して後ろにいるのは避けましょう。

☑ 前から見ることで授業がいきいきと伝わってくる

　授業を後ろから見ていると，授業者の顔は見えますが，授業を受けている子どもたちの頭しか見えません。発言をしていても，どんな表情で，どんな瞳の輝きで語っているかわかりません。ノートに何を書いているのかわかりませんし，教科書を音読しているときの声も聞こえません。

　一方，前から見ていると，授業者の話を聞く子ども一人ひとりの表情がしっかり見えます。瞳をきらきらさせて挙手する姿や，一生懸命考える姿もよく見えます。ですから，**教室の半分より前に位置取る**ようにしましょう。

後ろから見ると…　　　　　　　　　前から見ると…

☑ 見たいと決めた子のそばに位置取る

　指導案と座席表を見て，授業で観察したい子を決めます。

　そうしたら，授業開始よりも少し早めに教室に行って，自分が観察したい子のそばに位置取ります。少し早めに行くのは，場所を確保するためです。

　観察したい子の傍といっても，その子よりも後ろに位置取りするのではありません。その子の少し前に位置取ります。その理由は，**その子の視線や表情を見るため**です。その子の少し前に位置取りすると，その子が発問や指示に対してどんな表情でいるかを観察することができ，発問や指示に対する活動への意欲の程度や，理解度が伝わってきます。

　また，隣の子とペアになって対話をするときのかかわり方やどんなことを話していたのかといったことも傍にいて見て，聞き取り，記録していきます。

POINT

子どもの頭を見ていても情報は得られない。積極的に前に行こう。目をつけた子のすぐそばに行って，小さなつぶやき声も逃さないように聞き取り，記録しよう。

03 授業参観，3つの基本

 授業は，目の前でどんどん進んでいく。
焦点を絞って見る，そして記録をすることでこそ，多くのものを
得ることができる。

☑ 主眼，研究のねらいに沿って見る

　この授業の主眼は何か，とか，この授業で研究部会は何を提案しようとしているのか，そういったことを柱にして見ていくことが授業を参観するうえでの一番の基本です。

　授業を見ていると，授業者の発問，指示，子どもたちの反応や活動など，様々な情報が入ってきます。**参観する側がきちんとした視点をもっていないと，情報の洪水に溺れてしまいます。**

　参観中，ときどき指導案に書かれている主眼や研究部会の提案を確認して，意識が授業の柱から離れていかないようにしましょう。

☑ 授業者，個人，全体を関連させて見る

　基本的には，授業者と，目をつけた子を見ていきます。

　授業者の発問や指示に対して，その子がどのような反応をするかということを見ていきます。

　授業者の発問や指示に対して，その子になってみて，どんな反応をするか具体的に考えておきましょう。そうすると，実際の反応を見たときに，なぜそういった反応をしたのかを考えることができます。

　同様に，発問や指示に対する子どもの反応を見て，授業者は次にどうやっ

て授業を展開していくのかを予想していくことも大切です。

　そうすると，予想したことが実際の授業者の発問，指示と一致する場合もありますし，ずれる場合もあります。ずれた場合には，授業の主眼や研究の立場，その前の子どもの学習状況と考え合わせながら理由を考えてみます。

　こういったことを繰り返していくことによって，自分の授業力の向上につながります。

　さて，目をつけた子の反応がその子だけのものだったりする場合もあります。学習カードに何も書いていないのは目をつけた子だけといった状況です。

　授業は，目をつけた子だけを見ていると全体像を見失い，その子が全体の中でどの程度の学習状況なのかわからなくなります。ノートや学習カードに記述している時間帯は，他の子たちを見る時間的余裕もあります。**その子を中心に見ながら，周辺の子の様子も把握していく**ことで，目をつけた子の学習状況を相対的につかむことができます。

☑ 記録は速く，詳しく

　授業の様子は，見るだけでなく，三色ボールペンを使い，詳しく記録していきましょう。目安として，1回の授業でＡ４の記録用紙7枚くらいはとりたいところです。

　記録する対象は，授業者の発問，指示，板書，発問や指示を行った時刻，子どもの発言の他に次のようなことも記録します。目をつけた子の表情，視線，姿勢，ノートに書いた言葉，つぶやき，ペアやグループでの活動で交わされた言葉などです。詳しく書くことが後の分析に役立ちます。

> **POINT**
> 主眼や，研究のねらいを柱にして授業を参観しよう。
> 授業者→個人→全体という流れで見て，記録は速く，詳しくとるようにしよう。

04 授業の見方は5段階

 授業は考えながら見たい。
考えながら見ることにも，5つの段階がある。
一生懸命記録をとりながら，一生懸命頭を働かせたい。

✓ 段階1　観察レベル

　発問，指示，板書，発言などを落ちなく見て，落ちなく記録する段階です。丁寧に観察し，記録することで，授業の様子を客観的に把握することができます。

　授業を分析していくには，きちんとした根拠が必要になります。根拠をたくさんもっていれば，正確な分析ができますし，授業の後の研究協議会でも発言をする材料ができます。

　そのためにも，詳しく記録をとれるようになることが大切です。

✓ 段階2　感想レベル

　段階1に加え，**思ったことを記録用紙にメモしていく段階**です。積極的に挙手する子どもの姿を見て，「やる気いっぱい」とか，板書を見て「字がきれい」とか，発問や発言を聞いて「何が言いたいの？」など，思ったことを書いていきます。

　見るだけではなくて，その背景に何があるのかを考えていくことが，授業を分析していくことなのですが，感想をもつことは，そのための準備段階となります。どんなことでもよいので，思ったことを書けるようになりましょう。

☑ 段階3　肯定的評価レベル

段階1に加え，**「いいなぁ」と思ったことをメモしていく段階**です。

授業を見て，「真似したいなぁ」と思い，授業者の行っていたことを自分も真似してみることで，自分の授業力は高まっていきます。授業の中では，発問や指示を受けて子どもがいきいきと活動していく姿がたくさんあります。そういった点をしっかり見て，「指示が…でわかりやすい！」などと3色ボールペンの青インクでメモしてきましょう。

☑ 段階4　マイナス評価レベル

発問や指示，板書，個別指導等，授業者の行っていることに対して課題だと思ったことを赤インクでメモしていく段階です。

子どもの発言を聞いて，「ここは切り返した方がいいなぁ」というときにそのまま次の子を指名してしまっているところなど，主眼達成や，研究の提案，学習の深まり，子どもを大切にすることなどの点から課題だと思ったことをメモします。

☑ 段階5　代案レベル

段階4で発見した課題に対して，**自分ならこうするという代案を赤インクでメモしていく段階**です。課題を発見することよりも，代案を考えることの方がずっと難しいものです。けれど，この見方ができるようになると，見た授業の課題を自分の授業で成功に変えることができます。

> **POINT**
> まずは観察・記録を丁寧にできるようになることが基本。
> きちんとした根拠があることが，その後の授業の分析の正確性につながっていく。

05 授業の形態によって見どころは変わる

CHECK 授業には目的に応じて様々な形態がある。
それぞれの目的に応じた見方をしていくことで，形態の違いによる効果を学ぶことができる。

☑ 一斉授業は，授業さばきを見る

　子どもたちが全員前を向き，授業者の発問，指示により活動を展開していく一斉授業の場合は，**子どもの発言に対する切り返しに注目**をしましょう。1人の子が発言したことに対して，授業者がどのようにして思考を焦点化していくかということを学びます。

　また，授業者の発問に対して挙手する子の数はだんだん多くなっていくか，少なくなっていくかといったところも，授業に全員が参加していくという点で見どころです。

☑ コの字型机配置は，かかわり合いを見る

　コの字型机配置の場合は，子どもたち同士の顔が見えます。この配置には，子どもたちがお互いにかかわり合いながら授業を進めていくという意図があります。したがって，まず**子ども同士のかかわりが生まれるための発問，指示**に注目する必要があります。

　加えて，話し合いに終始するのではなく，全体でのかかわり合いにより，学習を深めていくための授業者の働きにも注目しましょう。

　なお，これは，表情観察とノート観察の両立が最も難しい形態です。目をつけた子どものノートやつぶやきはしっかりと拾いましょう。

☑ グループ追究は,子どもの声に耳を澄ませて

　グループでの話し合い活動は,子ども同士で課題を解決していくことを意図して行われます。ですから,**子ども同士でどんな会話がなされていくかということをつぶさに聞き取り,記録していくことが大切**です。子どもの声は小さくて聞こえにくかったりするので,耳を澄ませてよく聞きましょう。

☑ 個人追究は,個別支援の声を聞く

　個人追究の間,授業者は机間指導を行います。**鉛筆が動かない子にどんな声かけをしているか聞くことが大切**です。目の前の子が困っているとき,自分ならどんな声をかけるか考え,授業者の個別支援の言葉を聞きましょう。

POINT

一斉授業,グループ活動,発表,個人追究…と,授業にはねらいに応じていろいろな形態がある。それぞれの形態のよさを研究授業から学び,自分の授業に生かそう。

06 教科によって見方は変わる

> CHECK 参観する教科により，授業の見方を工夫したい。教科によって異なる特性と，共通する部分がある。共通点と相違点を踏まえて参観することで，見たことを他教科の授業に生かせる。

☑ どんな「見方・考え方」を働かせているか

　教科によって，学習課題を解決するために子どもたちが働かせる視点や思考に特性や共通性があります。

　国語の「反復表現を比較する」，理科の「食塩を大さじ3杯入れたときと，大さじ4杯入れたときの溶け方を比較する」について考えてみましょう。

　ここで示した国語と理科では，思考については「比較する」ということが共通しています。一方で，視点については，国語では「反復表現」，理科では「食塩の量」ということが異なっています。

　このように，**視点には教科の特性が大きく出ますが，思考については教科を超えて共通している場合が多くあります。**

　子どもたちは，どこに視点を定めて，どんな思考をして課題を解決しようとしているのかを考えながら授業を見ましょう。それがつかめると自分の授業にも課題解決方法として生かすことができます。

☑「何ができるようになったか」に注目する

　授業の方向性は大きく2つに分けることができます。1つは「できる」ことを目指すもの，もう1つは「わかる」ことを目指すものです。

　体育の跳び箱や，マット運動，音楽のリコーダー奏など，技能を身につけ

ていくことを目指した授業では，「何ができるようになったか」に注意して授業を見ます。

　できるようになるには，必ず要因があります。

　授業者の発問や指示，個別指導の言葉，グループでのかかわり合いなど，様々な要因があります。

　まずは，この授業で子どもたちは何ができるようになったのか，そして，その要因は何かを探りながら，授業を観察しましょう。

　はじめに述べた教科以外でも，算数で三角形の面積を求める，国語で報告文を書く，など，「できる」ことを目指した授業は多くありますが，**「何がどのようにしてできるようになったのか」**を意識しましょう。

☑「何がわかったか」に注目する

　社会科で学ぶ江戸時代の文化や，理科で学ぶ磁石の性質，国語で学ぶ「海の命」の太一の心情，こういった授業では，「何がわかったか」に注意して授業を見ます。

　「何ができるようになったか」と同様に，「わかる」ようになることにも必ず要因があります。授業者の発問や指示，個別指導の言葉，グループでのかかわり合いなど，要因は様々です。

　観察を通して，子どもたちがわかるための手立てを見抜くことで，その手立てを自分の授業にも生かしていくことができるようになります。

POINT

その授業で働かせている教科固有の「見方・考え方」は何かに注意しよう。また，技能を身につける授業と内容理解を主とする授業の違いを踏まえ，観察しよう。

07 領域によって見方は変わる

 国語は「話すこと・聞くこと」「書くこと」「読むこと」の３つの領域から成っている。それぞれの領域に応じて，ポイントを押さえた見方をしたい。

☑ 「話すこと・聞くこと」は３つの活動の特性に即して

　この領域には，３つの活動があります。それぞれの活動の特性に応じて観察することが大切です。

　また，**子ども一人ひとりが発する言葉もとても多くなるので，記録を速くとっていくことも必要**になります。

☑ 話すこと

　スピーチの練習の活動を行う授業が多いです。

　繰り返し練習していく中で，子どもたちはスピーチをする力が高まっていきます。そのために授業者がどんな手立てを講じているのかに気をつけて観察することが大切です。

☑ 聞くこと

　３つの活動の中で研究授業としては最も見ることが少ないものです。子ども同士でインタビューする場合などがあります。

　自分の知りたいことを聞くために，どんな観点を設定しているのかに気をつけて観察すること，そして回数を重ねる中で聞く力がどのように上達していくかを見ることが大切です。

☑ 話し合い

　話し合いの授業では，話し合うための議題や話題などのテーマが必ずあります。同時に，その授業で高めたい話し合う力もあります。テーマに沿って，討議や討論の内容が深まっていくためにどんなことを子どもたちが意識しているのか，といったことに注意して見ていくことが大切です。

☑ 「書くこと」は１時間での変化の要因に注目

　この領域の授業には，大きく分けると，「書くための材料集めや整理をする授業」「書くための材料の並べ方を考え，組み立てをつくる授業」「いったん書いたものを見合って，相互評価し，推敲する授業」の３つの場合が多くあります。整理し，組み立てをつくる場合，**基になる考え方をどう示しているかに注意することが大切**です。相互評価の場合は，**評価する側がどんなアドバイスを送るのかに注意**します。そのようにして，１時間の中で変容していく子どもの姿の要因を探りましょう。

☑ 「読むこと」は理由づけに注目

　この領域では，登場人物の気持ちを考えていく授業が多いです。子どもたちは，自分が考えた心情をどんどん発言していきます。そこで，注目したいのは，**子どもがどんな理由づけをしているか**です。「言葉を抜いたときとの比較で考えている」など，その教室で行われている理由づけの仕方を知り，自分の授業に生かしましょう。

POINT

「話すこと・聞くこと」は活動の特性に即した見方をしよう。
「書くこと」は１時間での変化の要因を考えよう。
「読むこと」はどんな理由づけの仕方をしているのかに注目しよう。

08 研究授業で見るのは授業者か子どもか

授業で活躍するのは子ども，そして授業者。
それぞれに注目して見るとき，どこに注目するかを知っていると，授業がよりくっきりと見えてくる。

☑ 徹底して授業者や子どもを観察する

　授業を参観していく基本は，授業者の発問・指示，そして活動する子どもたちの姿を関連させて見ていくことです。一方で，授業者の姿をずっと追いかけていく見方，また，子どもの姿をずっと追いかけていく見方もあります。

☑ 授業者が何を考えているのか推測する

　授業者の一挙手一投足を追いかけていく見方，これを行うことで，授業を展開していく授業者心理に近づくことができます。その際，自分も授業者になったつもりで，発問や指示を予測し，実際に授業者が行っていく発問や指示と比較をすることで，自分の授業展開力を鍛えることにつながります。
　では，具体的に授業者のどんなところに目をつけていけばよいでしょうか。目をつけるポイントは大きく２つあります。
　１つは，**授業の幹となるところ**です。これは，授業の中で主眼達成のために，発問，指示，指名，説明などをしていくところのことです。例えば個人追究をした後，全体追究になったときに，「話し合いを焦点化していくために，意見を出させるための指示を授業者はどのように投げかけるのだろうか」といったように予想していきます。
　もう１つは，**授業を円滑に展開させていくところ**です。板書をしたり，個

別支援をしているときの言葉を聞いたり，机間指導の順番を記録したりといったところや，授業者の立っている位置，表情，視線，話の速さ，声の大きさ，間の取り方，板書の速さ，時計を何回見るかといった細かいところまで含みます。

☑ 子どもが何を考えているのか推測する

　授業中子どもが考えていることを推測できると，授業は子どもにとって無理のないものになります。そのためには，**研究授業の際に子どもの姿を追いかけ，その子が何を考えているのかを推測することが一番**です。挙手回数や挙手する場面，発言内容，グループやペアでの話し合いの際の発言内容など目立つところはもちろん，表情，姿勢，取組の速さ，鉛筆の持ち方，ノートへの記録の速さ，丁寧さ，机上のものの配置，机の横に掛かっているものの様子，靴の履き方など，細部まで観察・記録し，心の中を推測しましょう。

> **POINT**
> 授業者を追いかけて見ていく場合には，授業者が何を考えているか推測して，子どもを見ていく場合には，その子が何を考えているのか推測して見よう。

09 教室環境からも学ぶ

授業を参観する際，教室に少し早く行くことで，その教室の環境に学ぶことができる。また，子ども同士のかかわり合いからそのクラスに流れている空気がわかる。

☑ 教室を見て学ぶ

　研究授業の際に，教室の壁面の掲示物をよく見ることは，2つの点で大変重要です。

　1つは，**学習の足跡が見える**ということです。総合的な学習の時間など，長い時間をかけた取組の場合，子どもたちの学習の積み重ねが模造紙に書かれたり，写真で示されたりしている場合があります。今日の授業の前には，多くの積み重ねがあるということを知って，授業を見ることで，子どもの発言の意味をより正確に理解することができるでしょう。

　もう1つは，**自分の教室掲示の参考になる**ということです。

日常の教室掲示としてどんなものが必要か，どんなものが魅力的かを考える材料になります。

　掲示物の内容としては，学期の個人目標，書写の作品などが定番ですが，教室掲示には，その学級の担任の先生の個性が出ます。いろいろな教室のいろいろな掲示の仕方を見て，参考にしていきましょう。

　目立つ掲示物とは異なりますが，**子どもの机の横にかかっているもの，ロッカーの様子なども，気持ちのよい教室環境をつくっていくうえで参考になります。**

　机の横にかかっているものが紅白帽子だけ，とか，ロッカーの中が整頓されているといった教室からは，子どもたちの自律が感じられます。

　授業の前には教室に少し早めに行き，環境づくりを学びましょう。

☑ 空気を感じる

　子どもたちがお互いを大切にし合っていると感じられるクラスの授業は，温かな空気に包まれています。反対に，自分の主張を述べ合い，意見を聞き合おうという姿に乏しいクラスの授業からは，ギスギスした空気が感じられます。

　温かな空気が感じられるクラスには共通点があります。

　まず，**「ハイ！ ハイ！」と絶叫する子がいません**。だれかが発言しているときには，その子のことをみんなが自然に見ています。だれかが発言しているときに，途中で手をあげ出す子もいません。子ども同士がかかわる様子を見て，よい空気が漂う教室づくりを学びましょう。

> **POINT**
> 他のクラスには自分のクラスと違う空気が流れている。掲示物の貼り方，机の横にかかっているもの，ロッカーの様子や，発言している子に対する他の子の様子等，すべてをよく見て参考にしよう。

10 研究授業を見るとき やってはいけない6つのこと

> **CHECK** 研究授業は，授業者や研究部会が懸命につくり上げてきたもの。目の前で真剣に行われている授業に対して，真剣な気持ちをもち，真摯な態度で参観したい。

☑ 遅刻する

　授業の導入は，子どもの活動を開始させるための大変重要な場面です。ここを見逃してしまうと，例えば，**どうして子どもが意欲的に取り組んでいるのかわからず授業を見ることになるので，正確な分析ができません。**

☑ 運動着で参観する

　授業者は一生懸命授業を行っています。その姿への礼として，参観する側の服装は整えたいものです。見せていただく立場として，**授業者と子どもたちに対する感謝や敬意が服装に表れる**と心得ましょう。

☑ 授業記録をとらない

　授業記録をとらないと，**後で授業を分析していくための根拠が残りません。**研究協議会では，記録したものを基にして話し合いを行っていくので，何も記録をとらない，あるいはほとんど記録をとらないという参観者には，研究協議会で発言する資格はありません。
　また，授業をしている側にしてみれば，「真剣に授業をしているのに記録もとらないなんて失礼！」という気持ちにもなります。

☑ 参観者同士の私語

　授業を参観している教員同士が，頻繁にヒソヒソ話をしている姿を見たことのある方も多いと思います。

　授業者にとっては，大変迷惑な行為です。

　特に研究授業の場合，授業を行う側は，高い緊張感をもって行っています。発問や指示を行うとき，この言葉でよいのか，このタイミングでよいのかなど，大きな不安を抱えつつ，授業を提供してくださっています。**参観者同士の私語は，授業者にとって不安を増幅させる以外の何物でもありません。**

☑ 子どもに話しかける

　実験をしている子どもに「わぁ，おもしろいねえ！」などと何気なく話しかける参観者の姿を見ることがありますが，子どもにとっては集中力をそがれる場合があります。研究授業は，授業者と子どもとの間で行われるものです。そこに第三者が介入することで，**授業の客観性が失われてしまいます。**子どもに話しかけてはいけません。

☑ 子どもに指導する

　目の前の子が発問をよく理解できず，鉛筆が動かない。そんなとき，思わず指導したくなります。けれども，ここで指導するのは絶対にやってはいけない行為です。繰り返しますが，**研究授業は授業者と子どもの間で行われるもの**です。

> **POINT**
> 自分が子どもと授業を行っているときに，こんなことされたら嫌だなということは，やってはいけない。参観していることが，授業の妨げにならないように心がけよう。

11 他校研修への臨み方

 他校研修に行く一日。
この一日を実り多いものにするか,ただ一日を終えてしまうか,すべては参観する側の意識のもち方で決まる。

☑ 相手校の立場を考える

　他校研修に行き,ある学級に入り,一日中その学級の活動を参観する場合があります。自分は研修に行っているのですが,その学級は通常の日課をこなしています。授業も進めていかなければいけませんし,子ども同士のトラブル解決など,突発的なことへの対応をすることもあります。参観者がずっと教室にいることで,学級の子どもの落ち着きは確実になくなります。自分が参観させていただいている学級の先生の多忙さに心を寄せ,自身の負担が大きくなることを承知のうえで,教室を見せてくださっていることへの感謝の気持ちを強くもちましょう。つまり,**「見せてもらって当たり前」ではない**ということです。

☑ やっていいこと,いけないことを確認しておく

　例えば,休み時間に子どもと一緒に遊ぶことについて,子どもにけがをさせたらよくないのでダメという学校もあれば,学級の子どもの様子を知ってほしいのでどんどん遊んでよいという学校もあります。**写真,動画を撮ることなども然り**です。やっていいこと,いけないことは,担当の先生にあらかじめ確認しましょう。もちろん,子どもと休み時間に遊んでいて,授業の開始に遅れるといったことは論外です。

☑ 視点をもつ

　給食当番の子の準備を見ていて，「がんばってるなぁ」とぼんやり眺めるのと，「どうやって手際よく準備するのかを子どもの動きからつかもう」と考えながら観察するのでは，得られることがまったく違います。

　前者だと自校に戻り子どもたちに「先生が勉強してきた学校の子たちは給食の準備がとても速かったです。みんなも頑張ろう」と声かけして終わりです。一方，後者だと「まず，給食当番の子は，配膳台の上に，おかず，野菜…の順に並べて…」と具体的な改善点を提示できます。

　要するに，**目の前で行われている活動に対して，視点を定めて参観することが大切**ということです。

☑ 「自分だったら…」と考える

　視点を決めて活動を捉えたときに，そのまま自分の教室で真似したいということもあると思います。一方で，**「自分だったらこんなときどうするかな」と考えてみることも大切**です。

　授業の中での教師の発問や，切り返しを見て，自分ならこのときにこうするかなという考えをもちながら見ることで，見せていただいていることを自分のものにしていくことができます。さらに，「なぜ，あのとき先生はこうしたのですか？」という質問をして，回答をいただくことで，行為の意味がわかり，一層その後の自分のためになります。

> **POINT**
> 研修の受け入れ校も，日常の校務を行っている。まず，やってもいいこと，いけないことを確認しよう。そして，視点をもって活動を参観し，自分だったらどうするかも考えてみよう。

第1部 研究授業を見る

第3章 研究協議会に臨むときに

- 01 研究協議会にはタイプ別の特性がある……44
- 02 発言の聞き方……46
- 03 研究協議会での発言には3つのレベルがある……48
- 04 付箋へのメモ，話し合いのまとめ方……50
- 05 助言者の指導の効果的な聞き取り方……52
- 06 研究協議会でやってはいけない3つのこと……54

01 研究協議会にはタイプ別の特性がある

CHECK 授業研究会は，その方法により，特性がある。
それぞれの特性を理解したうえで臨み，1回は発言することを目指したい。

☑ 代表者の討論から本質を学ぶ

　授業の参観者が何百人といったような大規模な研究協議会では，代表者による討論方式がとられます。授業者，司会者と数名の指定討論者による討論が行われ，途中で他の参観者に意見・質問を求めていくといったものです。

　このタイプの一番のよさは，**指定討論者として登壇した専門家による授業の分析を聞くことができる**ということです。この授業にはどんな意味があるのかなどについて専門家の見解を聞くことができます。

　専門家の意見を聞いていると，そうあらねばならないと思いがちですが，授業で展開されたことへの意味づけは人により様々にできるものでもあります。

　「○○大学の先生がこうおっしゃっていたから，こうすることが正しい」というように専門家の意見を受け止めてしまうことは，自分で授業づくりをしていくうえでかえってマイナスになります。

　専門家の意見に流されず，自分の考えと比べて考えていくことが必要です。

☑ 全体討論から多様な見方を学ぶ

　校内研修の場合によく行われるのが，このタイプの研究協議会です。冒頭，授業者の振り返り等があり，授業への質疑・応答，そして，討議といった流

れです。

　ここでは，まず授業者がどのような振り返りをしているのかよく聞きます。授業者を務めたからこそ感じた子どもの姿が聞けたり，主眼達成のためにどのような気持ちでどのような手立てを打ったか聞けたりします。そして，授業者の気持ちを知ることができます。

　授業への質疑・応答では，授業を分析していくための前提となることが明らかになりますので，よく聞くことが大切です。また，この子は普段どんな子なのかなど，わからないことがあったら尋ねましょう。

　全体討議では，様々な年代の先生方から，様々な角度の意見を聞くことができますが，**発言力の強い先生の意見に流される傾向があるので，ここでも自分の考えと比べながら意見を聞くことが大切**です。

☑ グループ討議で細かな様子を知る

　少人数で行うグループ討議は，1人当たりの発言回数が多くなります。グループのメンバーが共通して見る子を決めておくと，その子の様子について，細かに知り合うことができます。またその様子を基にした分析も詳しく行うことができます。

　少人数なので，リラックスした雰囲気で語り合うことができますが，**構成メンバーが授業を分析する力が足りなかったり，メンバーが見ていた子がバラバラだったりすると話し合いが深まりません。**

POINT
代表者の討論ではその分野のエキスパートによる本質的な話を聞くことができる。全体研究会では多くの先生による様々な見方を学ぶことができる。グループ討議では子どもの様子を詳しく知ろう。

02 発言の聞き方

研究協議会では，様々な角度からの発言がなされる。
整理して発言を聞いていくことによって，授業の成果や課題を把握することができる。

☑ 授業の目的から外れない

　授業研究会の中では，たくさんの意見が出されます。話し合いの現在位置がわからなくなってしまわないように，そして，出された意見を頭の中で整理するために，**授業の目的を意識して，発言を聞くことが基本**です。主眼や，研究部会の提案など，この授業はなんのために行っているのかを念頭に置いて，先生方の発言が，授業の目的達成という視点からみて，納得できるものかという考えで聞きましょう。

☑ 意見の関連性をつくりながら聞く

　学級会での話し合いのように，「〜先生に似ていて」とか「先生に〜反対で」などのように自分の立場を明確にして発言してくれる先生の意見の位置づけをすることは難しくないと思います。

　しかし，自分の立場を明確にせずになされる発言も研究協議会の中では少なくありません。特に，直前に出された意見に対して反対意見を述べる場合には，「〜先生に反対で」という言い方を避ける場合が多いものです。また，直前に出されたものではなく，少し前に出されたものに対して意見を述べる場合も，立場を明確にせずに発言する場合があります。したがって，**聞いている側で，意見のキーワードを拾いながら，この意見はその前の意見に対し**

て反対だとか解釈する必要があります。また，この意見は，さっき出されたあの意見に関連するものだということを推測する必要があります。このように解釈，推測を重ねていくことで，自分なりに発言を関連させ，頭の中を整理させていくことができます。

☑ 何を根拠にしているのかに注意する

　研究協議会での発言は，参加者が見たことを基に行われます。したがって，発言の根拠となってくるのは，授業で展開されていた事実です。展開されていた事実は1つですが，見る人の感覚，考え方，キャリアによって様々に解釈できます。ですから，発言を聞く場合に，どんなことを根拠にしているのかに注意して聞くことが大変重要です。授業中の発問，指示や子どもの発言，様子を明確に根拠として取り上げた意見は信ぴょう性が高いと言えます。

　一方で，**事実を根拠としていない意見は，たとえそれがすばらしい考えであっても，注意深く聞く必要があります**。例えば，自分の教材解釈のみに基づいて授業を批判するような意見は，授業者に礼を欠きますし，客観性に欠けます。

☑ 雰囲気に呑まれない

　ベテランの先生がゆっくり低い声で話したり，強い口調で話したりすると，それが正しい考えとつい思い込んでしまいがちです。しかし，**意見は内容が一番**。意見の内容の理解をきちんとできるようにしましょう。

> **POINT**
> 授業の主眼や，研究で提案していることを常に頭に置いておこう。
> 今，何について話し合っているのかに注意し，意見の関連性や信頼性を考えよう。

03 | 研究協議会での発言には3つのレベルがある

 発言の際は，まず授業者に授業を見せていただいたお礼を述べたい。そのうえで，自分が見た授業の様子に基づいて，意見を述べるようにしたい。

☑ レベル1　学習の姿を述べる

　研究協議会で発言することには，結構勇気が要ります。今話題になっていることからずれていないかとか，見当外れな意見になっていないかなどと不安になります。けれども，せっかく参加するなら，1回は発言したいものです。そうすることは，授業者に対して礼を表すことでもあります。

　何を発言してよいのかわからないけど，何か発言しなければ…という状態のときでも，決して見当外れにならないことがあります。それは，子どもの学習の姿を述べることです。**考えたり，つぶやいたり，ノートに意見を書いたりといった子どもの学習の姿は客観的な事実**です。記録を丁寧にとっておけば正確に述べることができますし，学習の姿を詳しく述べてもらえると，他の参加者が授業を分析するのに大いに役立ちます。

☑ レベル2　学習の様子の要因を語る

　学習の姿を詳しく語れるようになったら，**どうしてその姿が生まれたのかという要因を語りたい**ところです。

　子どもの姿からさかのぼって考えていきます。

　授業者の発問・指示，個別指導，グループの子との話し合い，学級全体での話し合いなど，要因として考えられることはいくつもあります。学習の姿

の要因を捉えられるようになると，自分の授業でも効果的な手立てを打てるようになってきます。

☑ レベル3　学習の様子の要因と代案を示す

学習の様子の要因が考えられるようになったら，**代案を考えられるようになりたい**ものです。

授業の成果だと感じたところについて考えた要因は，自分の授業に生かせるものになっていくでしょう。

一方で，授業の課題だと感じたところについて考えた要因は，そのままでは自分の授業に生かせるものにはなりません。

例えば，国語の授業で読み取りが深まらなかった場合に，授業者の発問が曖昧だったからと要因を考えたとします。そこでとどまるのではなく，どんな発問をしたら，子どもの読み取りが深まったのかということを考えるということです。

☑ 考察は，主眼や提案と関係づけて

意見を述べるときに大切にしたいのが，**主眼の達成や研究部会の提案と関係づけて示すようにする**ことです。「授業の終末で，子どもが書いた学習カードの内容が主眼の達成を示すものだった。どうしてそういう姿になったかというと…」といった論の展開で意見を述べます。

POINT

研究協議会で意見を述べるにもレベルがある。まずは客観的な事実を正確に述べられるように。それができるようになってきたら，学習の様子が生まれた要因，さらに代案を示せるようになりたい。

04 付箋へのメモ，話し合いのまとめ方

> **CHECK** グループ討議では，メモをした付箋を基にして発言することが多い。付箋へのメモは短時間で済ませたい。模造紙に貼られた付箋は関係づくりをすることで，討議が焦点化する。

☑ 付箋へのメモはずばりひと言で

　グループ討議では，付箋にメモをして，それを基に発言し，付箋を模造紙に貼り，意見を分類して，分析を進めていくスタイルがよくとられます。

　付箋に書くメモは，短いものにしましょう。理由は３つあります。

　１つめは，**メモを書く時間を短くするため**です。１枚にびっしりメモをしていると，メモだけで時間がかかり，討議をする時間が十分取れず，他にも気づいたことがあるのに，それは付箋にメモできなくなります。

　２つめは，**意見を分類するため**です。グループ討議では，付箋を移動させたり，同じような意見を囲んだりして，整理していきます。その際，小さな字でびっしり書いてあるよりも，端的に書いてある方が，付箋を整理する側にとってはわかりやすいものです。

　３つめは，**自分の考えをまとめる力をつけるため**です。自分の言いたいことはこれ，というように考えをまとめておかないと，発言もとりとめのないものになってしまいます。

　では，どんなことを付箋に書いたらよいのでしょうか。

　例えば，意見が１つの話題に対して関連して出され，話し合いが深まっていった姿を見たら，「話し合いの深まり」とか「意見をかかわらせる言葉のよさ」といった形で，見たことを端的にまとめた言葉，その背景として考え

たこと（課題の場合は代案）をひと言で大きな字で書きます。

そして，自分が発言するときになったら，「話し合いが深まった姿がありました。それは…」というように，付箋に書いたことをまず述べて，エピソードを交えて語っていきます。

☑ 意見の分類・整理には視点を決める

模造紙に貼られた付箋をまとめていく役割になったら，分類するための視点を決めましょう。例えば，授業の成果と課題，変容する前と後の子どもの姿，効果的な手立てと課題になった手立て，代案，といったように，視点を決めて意見の仲間分けをしていきます。**それぞれのまとまりごとに小見出しをつけ，関係性を矢印でつなぐようにしていくと**，グループで捉えた授業の姿が鮮明になっていきます。

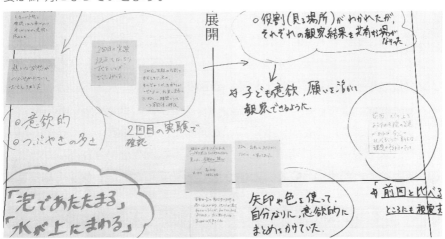

> **POINT**
>
> 付箋へのメモは端的に。子どもの様子を逐一書くのではない。
> 自分なりにタイトルをつけ，付箋をまとめていこう。話し合いをまとめるときは，視点を決めて分類しよう。

05 助言者の指導の効果的な聞き取り方

研究協議会の最後に，助言者からの指導がある。
参観した授業の意味づけをよく聞き，明日の自分の授業に生かしたい。

☑ ナンバリングと要点のメモを

　助言者による指導は短くて15分程度，長いと30〜40分という場合もあります。しっかり聞いて，自分の授業づくりに生かしていきましょう。

　まず，助言者の話を項目的に整理して聞くようにします。はじめに「3つ話します」などと数が示される場合は，**「1　研究について」などとナンバリングしながら項目立ててメモしていきます**。

　メモは要点的に行います。助言者の中には，学習の様子に長い時間をかけて話す方もいます。エピソードについてメモをし始めると，とりとめがなくなってしまう場合があります。エピソードは，**状況を思い浮かべながら聞いて，まとめるとこういうこと，という形でメモすると整理しやすくなります**。

☑ 授業を見る視点に基づく評価を聞き取る

　研究授業は，主眼の達成，研究部会の提案など，つくる側の意図があります。研究協議会での討議や討論も，その流れの中で行われます。したがって，助言者による指導も，その流れの中で聞くことが必要です。また，**討論の中で意見が分裂したことや，疑問に感じていたことに対する回答を注意深く聞くことが必要**です。

　授業を提案した意図に対する実際の姿を踏まえて，授業の成果と課題が示

されたとき，今回の授業から今後の授業づくりへの見通しを，参加者は，焦点化して，共通にもつことができます。この授業はなんのために行ったのかという前提を頭に置きながら，助言者の話を聞きましょう。

☑ 自分の考えと比べて聞く

授業を見たり，研究協議会で意見交換したりする中でもった自分の考えと，助言者の指導を比べながら聞きましょう。

これには2つの意味があります。

1つは，**受け身な教師にならないため**です。どうしてこの授業をこのように構想したのかと問われたとき，先輩の○○先生が言っていたから，とか，この間の研究会の助言者が言っていたから，と返答する教師がいます。そうではなくて，自分が目の前の子どもたちの力を高めるために，こういったことが必要だと考えたから，といったように，主体性を確かにもった教師となりたいものです。

もう1つは，**自分の授業づくりのレベルを知るため**です。助言者の指導と自分の感覚が共通していると感じるようになってくるということは，自分の授業づくりのレベルが高まってきているということです。

☑ 圧縮してまとめる

項目立てて話を聞いたら，**結局はどんな話だったのか，見出しを立てます**。そうすることで，助言者の指導内容を圧縮して頭の中に入れることができ，自分の授業に生かしていくことにつながります。

> **POINT**
> 授業研究会で話題になったこと，主眼の達成，研究の提案に対する見解を聞き取り，自分の考えと比べて，頭の中で整理しよう。また，何に基づいて評価しているのかを聞き取ろう。

06 研究協議会でやってはいけない3つのこと

授業を行った先生に対しても，授業でがんばった子どもたちに対しても，礼を表す一番の方法は，発言すること。授業で展開されていた事実が根拠となる。

☑ その1　何も発言しない

　大勢が集まった研究協議会では，緊張してなかなか手をあげる勇気は出ません。

　けれども，研究協議会の間，何も発言しないということは避けたいものです。その理由は2つあります。

　1つは，**授業者と授業学級の子どもたちに対して礼を表すため**です。一生懸命がんばってくださった授業者に対する一番の礼は，参観者として意見を述べることです。

　授業のよさを述べたり，授業から自分が生かしたいことを述べたりすれば，授業者は大いに張り合いになるでしょう。

　逆に，授業から感じた課題を述べたとしても，授業者にとって今後の授業づくりをしていくうえで，大いに参考になります。

　もう1つは，**自分の授業力を上げるため**です。発言するには，授業の様子をしっかり観察，把握し，成果や課題を語るために，子どもの姿の要因を分析しなければなりません。

　その際に，授業者の行為のここが効果的，ここが課題，というものが見えてきます。

　見えてきたことは自分の授業に生かすことができます。

☑ その2　授業から離れて持論を展開する

　見た授業のことから離れて持論を展開することも避けなければいけません。
　例えば，子どもが考えていくための見通しを導入でもち，個人追究で自分の考えをもち，全体追究をしていき，物語の内容を読み取り，主眼が達成できたとします。
　この場合，子どもがもった見通しのよさ，見通しのもたせ方のよさ，個人追究を進めるための授業者の働きかけのよさ，全体追究で学習を深めるための授業者の指名の仕方のよさといったことが語られるべきでしょう。
　そうではなくて，「自分だったら，学習課題を設定した後に，すぐグループ追究を行い，グループごとに話し合ったことを全体の場に出し合う」，というようなことをいきなり述べるとなると，授業は自分の発言を切り出すためのきっかけに過ぎなくなってしまいます。また，**そういった意見は事実に基づいていないため信頼性にも乏しい**ものです。

☑ その3　印象で語る

　授業の様子を記録せず，なんとなくこんな感じだったかな，という印象に基づいた発言は，客観性に乏しく説得力がありません。
　また，持論の展開と並び，一生懸命授業をしてくださった授業者に対しても礼を欠くものとなります。
　しっかり記録をとって，事実に基づいて発言しましょう。

POINT

見たこと・考えたこと，感想…，とにかく1回は発言しよう。
授業記録をしっかりととったうえで，事実に基づいて発言をすることが肝心。

第2部
研究授業をつくる

第1章 指導案をつくるときに

01	立候補の数だけ腕は上がる	58
02	指導案のつくり方❶─基本的な考え方	60
03	指導案のつくり方❷─指導案全体の書き順	62
04	指導案のつくり方❸─主眼に必要な5つの要素	64
05	指導案のつくり方❹─首尾一貫した展開	66
06	8つの計画を立てる	68
07	子ども一人ひとりを思い浮かべ座席表をつくる	70
08	指導案づくりでやってはいけないこと	72

01 立候補の数だけ腕は上がる

> CHECK 子どもにとって，楽しく，力がつく授業をするための力量は，日々漫然と授業をしていても身につかない。人に見てもらうことを続けることで確実に力はつく。

☑ 若いうちに立候補を

　子どもたちと年齢が近い20代の教師。

　子どもは，自分と年齢が近い教師には自然と親近感を覚えます。だから少々，授業が粗くても子どもたちはついてきます。

　ところが，だんだん年を重ねていくにつれ，子どもはついてこなくなります。

　子どもがついてこなくなると，授業や学級経営が難しくなってきます。かつて，**若さという持ち味だけで過ごしてきた教師は，30代，40代と年齢が上がるにつれて，授業崩壊，学級崩壊の大きなリスクを抱えるようになる**のです。

　したがって，若いうちから授業を展開する力をしっかりとつけておくことは，後々の教員生活にとって大変重要です。

　そのためには，自分以外の先生方に授業を見ていただき，発問，指示，板書，机間指導の方法や，子どもの見方などについて教えていただく機会をたくさんつくることが大切です。

　また，研究授業をたくさん見に行くことも大切な勉強ですが，見るだけではなかなか力はつきません。

研究授業で学べる２つのこと

　研究授業を自分が行うことで学べることは大きく２つあります。
　１つは，**授業をつくる力**です。
　個人で授業を公開した場合は，参観者から授業後に意見をいただくことで，授業をつくる力の向上への示唆を得ることができます。
　研究部会の中で授業者になった場合には，上にあげたこととともに，指導案をつくる段階から授業をつくる力の向上に向けた示唆を得ることができます。この授業でつけたい力は何か，そのために主眼をどうするか，具体的な展開はどうするか，発問や指示はどんな言葉を投げかけるか，板書はどうするか，そういった授業の幹となることについて，経験のある先生方からアドバイスをいただくことができます。
　もう１つは，**子どもを見る力**です。
　これは，座席表を作成するときにも鍛えることができますが，主に授業が終わった後の研究会から得ることができます。
　「私の見ていた子はペアでの話し合いでこんなことを言っていました。きっとこのときこの子はこんなことを考えていたんだと思います」
などといったことを参観者から聞くことができます。
　授業を行っている側からは見えない子どもの様子を見て，その子の気持ちなどを解釈してくれます。こういったことを聞くことは，授業づくりのベースとなる「子ども理解」のために大変役に立ちます。
　勇気を出してどんどん授業者に立候補しましょう！

POINT

若いうちに積極的に研究授業の授業者になろう。授業を行った回数に比例して，授業力は高まる。若いうちにたたかれておけば，ベテランになっても子どもはついてくる。

02 指導案のつくり方❶
―基本的な考え方

 授業者は丁寧に準備をし，子どもは活発に活動，活躍した。でも，子どもたちが手に入れたものは何かを後で考えてみると定かではない。そんな研究授業にはならないようにしたい。

☑ 大前提は学習指導要領

1時間の授業で何を目指すのかを構想するときの柱になるのは，学習指導要領です。教科書についている指導書も，学習指導要領に書かれた指導事項を踏まえて書かれていますし，例えば国語の教科書に書かれている「手引き」も同様です。

したがって，「この1時間では学習指導要領に書かれているこの指導事項について授業をする」ということを決めるのが，授業を構想する際の前提です。そうすることによって，授業の方向性が定まります。

例えば，国語で報告文を書く授業だったら，書きたい項目を並べることと，文章化することでは指導事項が異なるので，1時間の中で，書きたいことを並べて，文章化するといったことまでしなくてもよい，ということになります。

また，指導案をつくっているときに，授業の方向性を見失いがちになることはよくあります。研究部会で考えているときにも起こり得ることです。そんなときは，**「この授業は学習指導要領の指導事項の何を指導するものなのか」に立ち戻るとよい**でしょう。

さらに，学習指導要領の指導事項に書かれている言葉は大変短いのですが，学習指導要領の解説には，その内容が詳しく説明されています。

学習指導要領，そして，その解説を読んで，指導案づくりをスタートしましょう。

☑ つけたい力を考える

　授業をつくっていくときにまず考えるのは，つけたい力でしょうか？　それとも授業の展開でしょうか？

　往々にして，**45分の展開を先に考えると，授業は盛り上がるけれども，授業が終わった後に，「結局，この授業のねらいはなんだったのか？」ということになりがち**です。

　例えば，11月に国語部会で研究授業があるので，そのときに何をやろうかと話し合い，「ごんぎつね」のクライマックス場面を扱おうという話になったとします。

　授業構想の分岐点はここです。

　「どんな活動をしたら授業が盛り上がるかな？」と考えていくのか，「その場面でどんな力をつけることができるだろうか？」と考えていくのかで，活動はするけれどどんな力がついたのかよくわからない授業になるか，活動を通して力がつく授業になるのかが分かれるのです。

　子どもの実態を受け，実態の改善のために，こんな素材がよいのではないかと見当をつけたら，学習指導要領の指導事項に基づいて，つけたい力を具体的に決めましょう。

　そのうえで，その力をつけるための具体的な活動を考えていきましょう。

> **POINT**
> 研究授業を構想する際に柱になるのは学習指導要領。
> その後は，どんな活動を展開するかよりも先に，どんな力をつけたいのかを考えよう。

03 指導案のつくり方❷
―指導案全体の書き順

> **CHECK** 指導案を書いていくときには,まず,骨格をしっかりと決めたい。そのうえで,細かな点を足していく。書き終わったら,一貫性をチェックする必要もある。

☑ 単元名・教材名を決める

　国語について言うと,教材名と単元名は異なります。教材名は「ごんぎつね」でも,単元名は「物語の感想を豊かにしよう」のように**学習のねらいを考慮してネーミング**します。指導案には単元名をまず書き,教材名を添えます。

☑ 単元設定の理由を書く

　単元設定の理由は大きく３つで構成されます。１つは**子どもの実態**です。例えば,登場人物の心情の読み取りを中心とする単元をつくるのであれば,現在,そのことに関してできていることと課題になっていることを書きます。「子どもたちは仲がよく…」といった単元に直接関係のないことを書くことは避けます。２つめは,**教材の価値**を述べます。単元で取り上げる教材が課題となっていることの解消のために効果的である理由を述べます。３つめは,**指導の流れ**です。単元全体をどのように進めるかを大まかに述べます。

☑ 単元展開を書く

　一次は学習への興味づけ,目的意識,課題意識をもつ授業,二次は課題解決の授業,三次は振り返り,発展,発表といったものになります。

☑ 主眼を書き，展開を書く

　主眼をまず書いて，その後展開を書きます。展開を書くときには，次のような流れで書きます。**太い幹を決め，枝・葉を茂らせていくイメージ**です。

(1)学習課題を書く。
(2)見通しを書く。
(3)評価を書く。
(4)学習活動をはじめから終わりまで書く。
(5)予想される子どもの反応を考えながら，発問・指示の計画を立てる。
(6)時間配分を決める。

学習活動	教師の指導・支援	評価	時間
1　学習課題を設定する。			
(1)学習課題			
2　見通しをもつ。			
(2)見通し			
3　個人追究をする。	・個別指導をして，各自が考えをもてるようにする。		
(4)まず大まかな流れをつくる。	(5)発問や指示，教師の動きを書いていく。	(3)評価「〜している」	(6)時間配分

> **POINT**
> 本時の展開では，学習課題・見通し・評価を位置づけたら，学習活動を導入から終末まで大まかに立てる。そのうえで，その学習活動を成立させるにはどうするか考え，発問・指示の計画を立ててみよう。

04 指導案のつくり方❸
―主眼に必要な5つの要素

> **CHECK** 主眼に授業のエキスを詰めることで，45分のストーリーとつける力がくっきりと見えてくる。活動を通して，力がつくような展開を構想し，子どもの活動時間はたっぷりと保障したい。

☑ 主眼に必要な5つの要素

本時案を考えるときには，まず主眼を定めます。その際，5つの要素を入れます。それは，**「子どもの実態」「学習課題」「見方・考え方」「活動」「終末の姿」**です。それぞれの要素を入れ込むと以下のようになります。

兵十のうなぎをとったごんの後悔の気持ちを読み取った子どもたち（<u>子どもの実態</u>）が，ごんの兵十へのつぐないの気持ちの変化を読み取る（<u>学習課題</u>）場面で，つぐないのためにごんが持って行ったものに目をつけて（<u>見方</u>），比較（<u>考え方</u>）したことを話し合う（<u>活動</u>）ことで，ごんの兵十へのつぐないの気持ちが強くなっていったことを読み取ることができる（<u>終末の姿</u>）。

もっと短く書くこともできるのですが，頭の中では5つの要素を入れて主眼を書くことが必要です。そのことで，授業の骨格ができるのです。

☑ 「見方・考え方」の見通しを明確に

華やかな活動のみに終始せず，子どもにきちんと力がつく授業にするために必要なことは「見通し」を明確にもつことです。見通しには，「つぐない

のためにごんが持って行ったものに目をつけて比較する」といった**「見方・考え方の見通し」**と「個人追究を10分，次にグループで…」といった**「活動の見通し」**の２つの意味合いがありますが，大事なのは「見方・考え方の見通し」を導入で明確にもたせることです。本時で働かせる「見方・考え方」を明確にすることで，子どもたちはその「見方・考え方」を働かせて課題の解決を行うことができます。

　授業で効果的だったことを自覚した「見方・考え方」は，次回同様の課題に直面したときにも働かせることができます。例えば，「登場人物の持ち物の比較」が心情の変化の読み取りに効果的だと自覚したクラスの子どもは，図書館で借りた本を読むときにその「見方・考え方」を使えます。次の物語教材の学習のときにも使えます。

　見方・考え方の見通しが明確でなく，活動をどんどん進めていく授業では，効果的な見方・考え方を一部の子は働かせることはできても，多くの子はそれができず，一人ひとりにしっかりと力がつくということになりません。

☑ 導入はあっさり，展開をたっぷり

　導入に時間をかけすぎて，子どもが活動し力をつける展開場面が短くなってしまい，振り返りは省略，あるいは時間延長というパターンはありがちです。そうならないためには，導入，つまり**学習課題の把握から課題解決の見通しまでの時間を５分程度に設計し，研究授業で新しい手立ては使わず，日頃から行っていることをやることが大事**です。例えば，課題解決の見通しを子どもから引き出したいなら，日頃からそれを行っておくことが必要です。

> **POINT**
> 主眼は５つの要素を入れて具体的に考えてみよう。
> どんな「見方・考え方」を働かせるのかをはっきりさせ，導入は短く，展開にたっぷり時間を取るように授業を設計しよう。

05 指導案のつくり方❹
―首尾一貫した展開

授業は，クラスの子どもの反応や表情を思い浮かべて，無理のない展開を構想したい。首尾一貫した展開をつくり，首尾一貫して子どもが活動できるようにしたい。

☑ 子どもの反応は理想的な姿を

　項目の中に「予想される児童の反応」がある指導案があります。

　そういった指導案に書き込む子どもの姿は，本時で子どもたちに期待する反応を書きます。

　指導案の中には，教師の発問や指示に対して，「よくわからない」とか「どうすればいいのかな」などと書いてあるものがありますが，発問や指示を受けた子どもを意図的にそういった状態にするという場合でなければ，上にあげたような反応を書くのは避けましょう。

　また，発問や指示と対応しないような反応を書いてあるものもあります。確かに，実際の授業の中には期待したような反応以外のものも数多くあるのですが，そのような反応を書くことも避けましょう。

　なぜなら，そうすることは**子どもがよくわからなくなってしまったり，期待したもの以外の反応が出てきてしまったりする程度の発問や指示しか考えられていない**ということを表明しているのと同じだからです。

　ですから，展開を考えていく際に，よく吟味した発問・指示を考え，「ここで子どもたちはこういった反応をして，学習を深めていってほしい…」という姿を指導案に書くようにしましょう。「予想される児童の反応」を書かない指導案の場合も，「この発問・指示で，子どもがどんな反応をするか」

をしっかりと予想し，考えていきましょう。

☑ 学習課題に対応した終末の姿を

　授業の終末の「予想される子どもの反応」に，「今日の授業は楽しかったな」とか，「またやってみたいな」と書かれたものがあります。

　子どもに，「楽しかったですか？」とか「今日のような学習をまたやってみたいですか？」といった発問をした場合には，それらの反応を書いてもよいと思います。しかし，満足度や関心に関することを聞かない限りは，不要な反応です。

　終末の子どもの姿で書くべきは，**主眼を達成した姿**です。展開の中の言葉で言えば，学習課題を解決した姿です。「ごんの兵十に対するつぐないの気持ちはどのように変わったのだろう」という学習課題であれば，「ごんの兵十へのつぐないの気持ちは，だんだん強まっていった」などとなります。

☑ 振り返りでは感想を聞かない

　終末に子どもたちに書かせたり，言わせたりする「振り返り」のときに，授業の「感想」を聞くのは避けましょう。**振り返りは本時の学習内容や学習方法を確かめるためのもの**です。そうすることにより，本時で学んだことを定着させ，次に生かしていけることができます。感想だと，いろいろな角度から子どもは発言するので，学習内容や学習方法の確認をすることが難しくなってしまいます。

> POINT
>
> 　子どもの姿は，その授業で求める反応を書こう。
> 　終末の姿は，学習課題に対応したものにしよう。
> 　振り返りは学習課題と見通しに対応したものにしよう。

06 ８つの計画を立てる

> **CHECK** 授業の準備は細かく行うほど，展開の見通しがはっきりする。どんな発問をし，どんな指示をするのか。そして，どのように板書するのかなどを鮮明にしておきたい。

☑ 発問・指示・説明の計画を立てる

　本時案をつくったら，実際の授業における８つの点について具体的な計画を立てます。その８つとは，「発問」「指示」「説明」「板書」「ノート」「机間指導」「指名」「活動」です。

　もちろん実際の授業は，子どもの動きに合わせて，計画を修正しながら実行していきます。計画通りに子どもを動かすのではありません。しかし，**子どもの動きをしっかり予想し，細かな計画を立てておけばおくほど，授業は円滑に進み，子どもの様々な動きに対応しやすくなります。**

　計画しておくことのはじめは，発問，指示，説明など，子どもたちに投げかける言葉をセリフの形で書き出すことです。

　授業の始まりのあいさつから終わりのあいさつまで，すべて書き出してみましょう。はじめはかなりの分量になるかと思います。また，普段自分がしゃべっている言い回しとは少し違うものになるかと思います。

　実際に声に出してみて，自然な言い回しに直したり，くどいところを削ったりして，分量を減らしていきます。

☑ 板書計画を立てる

　子どもたちが学習の見通しをもち，学習内容がはっきりとわかること，そ

れが板書の基本です。どんなことを板書するのか,どのようなレイアウトで板書するのか,いつ板書するのか,チョークの色は何色を使うのかの計画を立てます。さらに,どこを子どもに写させるのか,また,子どもに板書させる内容や場所も考えます。実際に黒板に書いて計画します。

☑ ノートの計画を立てる

授業の中でどんなことをいつノートに書かせるか計画します。このとき,子どもたちがノートに書く時間も考えておきましょう。

☑ 机間指導・指名の計画を立てる

個人追究のときの机間指導をどんな順序で行うか,子どもの顔を思い浮かべて考えます。また,それぞれの場面での指名は,挙手した子を指名するのか,計画的に直接指名していくのか,子どもが相互指名するのかを考えます。

☑ 活動の計画を立てる

ペアの活動,グループの活動等,活動の際の人数を決めます。また,活動の仕方,目的,活動後どうするかの説明の仕方も考えておきます。

☑ 模擬授業でブラッシュアップする

計画したことは,必ず何回か模擬授業をして練り上げます。**1人でやるより,他の先生に見てもらい,アドバイスをもらう**ことをおすすめします。

> **POINT**
> 発問や指示,説明は,すべて「セリフ」の形で書き出し,そのうえで,声に出してみて,修正しよう。
> 計画したら,模擬授業を通してブラッシュアップしていこう。

第1章 指導案をつくるときに

07 子ども一人ひとりを思い浮かべ座席表をつくる

> CHECK　子ども一人ひとりの実態を把握し，一人ひとりに力をつけることを願い，座席表を作成する。一人ひとりの顔をくっきりと思い浮かべ，作成したい。

☑ 座席表に入れる3つの要素

　本時案ができたら，座席表を作成します。一人ひとりがどんな子どもなのか，どんな考えをもっているのか，どんな手立てにより，どんな姿を期待しているのかを参観者に知ってもらうためです。参観者に配付するものなので，教師側から見たものではなくて，黒板を上にしたものをつくります。座席表には名前の他に，3つの要素を載せます。それは，**「子どもの実態」「主眼達成のための手立て」「願う姿」**です。

　「子どもの実態」で書くのは，具体的には「前時までの学習の様子」「課題に対してもっている考え」「指導事項に照らし合わせた現在の力」といったことです。「主眼達成のための手立て」では，その子が主眼を達成した姿になるためのポイントとなる手立てを書きます。「願う姿」は，主眼を達成した姿として満足できる程度と，主眼を十分に達成した姿の2つのどちらかに該当するものを書きます。

☑ 手立てを文章化する

　座席表の一人ひとりに割けるスペースは限られています。また，座席表を配付するのは授業の前日，あるいは当日などになります。参観者が読む時間は限られているということです。

したがって，**3つの要素のうち2つは記号にして，残りの1つを文章で記述する**ようにします。参観者が本時の学習の姿を捉えていくために，欠かせないものである場合は「子どもの実態」を文章化しますが，そうではない場合は，「手立て」を具体的に文章化します。手立てを講じることにより力をつけていくのが教師の仕事ですから，どんな手立てを講じればその子が主眼を達成できるのかを具体的に示すことは当然のことです。

☑ 教師の他に子ども同士のかかわり合いも手立てに

　その子が授業の中のどの場面でどんな手を打てば力をつけてくれるかを考えながら手立てを書き込んでいきます。教師による個別支援の他にも，ペアで話し合う場で隣の子の意見を参考にさせるなども効果的な手立てです。

```
┌─────────────────────────────────────────────────────────────┐
│ 実態　A　読み取りができる          願い　ア　想起した心情を説明できる│
│      B　読み取りが苦手     黒板         イ　心情を理解できる      │
│                                                              │
│ ┌─────────────┬─────────────┐                                │
│ │ 山田　太郎  │ 青木　花子  │                                │
│ │ Bイ         │ Aア         │  …                             │
│ │ 個人追究の際，│ ペアで話し合う│                                │
│ │ ポイントになる│ ときに，考えた│                                │
│ │ 叙述に着目さ │ 理由を説明さ │                                │
│ │ せる。      │ せる。      │                                │
│ ├─────────────┤             │                                │
│ │ 鈴木　次郎  │             │                                │
│ │ Bイ         │             │                                │
│ │ 全体の話し合 │             │                                │
│ │ いでの発言の │             │                                │
│ │ 際，補助をする。│            │                                │
│ └─────────────┴─────────────┘                                │
│     ⋮                                                        │
└─────────────────────────────────────────────────────────────┘
```

POINT

座席表には，「実態」「手立て」「願う姿」の3つの要素を入れよう。中でも，一人ひとりに対する手立ては具体的に。座席表を書くことで一人ひとりの子どもを見る目が鍛えられる。

08 指導案づくりでやってはいけないこと

> **CHECK** 研究授業をつくるとき，先輩からたくさんのアドバイスがある。よくわからないままに指導案に盛り込むと，授業が立ち往生してしまい，後悔することになる。

☑ できないことは書かない

　研究部会で授業をつくっていくと，自分がつくった指導案に対して，先輩の先生方から数多くのアドバイスをいただくことができます。

　大変ありがたいことです。

　けれども，アドバイスされたことを指導案に盛り込む前に考えてみましょう。

「今言われたことはできるのだろうか」ということです。

　このことについて，2つの点から考えます。

　1つは，自分ができるかどうかということです。アドバイスの内容や意味が自分にはよく理解できていない場合，言われたことを行っても子どもたちに響いていくことはありません。

　もう1つは，子どもができるかどうかということです。先輩の先生のクラスの子にはできても，自分のクラスの子にはできるかどうかわからない，ということを指導案に盛り込むのは避けた方がよいでしょう。

☑ 欲張らない

　指導案をつくっていると，こんなことを入れた方がいいなぁ，あんなことも入れた方がいいかなぁ…と思います。

その結果，子どもの活動内容が盛りだくさんになってしまいます。それを授業にかけると，時間が足りなくなって途中で終わってしまうとか，一つひとつの活動にかける時間が短くなり，子どもたちのペースに合わなくなってしまうことになります。

　指導案の中にやりたいことをいったん書き込んだら，主眼を達成するために，とか，研究で提案したいことを打ち出すために，といったことを規準にして，**活動を減らしていくようにしましょう。**

☑ やったことがないことはやらない

　研究部会の中では，こんなことをやってみたらどうか，ということが提案されます。

　けれども，自分の教室ではやったことがありません。

　効果がありそうだから，やってみようかなと思い，指導案に盛り込みます。

　そして，授業。

　子どもたちに活動の指示をしても，ポカンとして動かない，あるいは，予想外の活動をする，こういったことが起こります。

　ただでさえ普段より子どもも授業者も緊張するような場面で，今までやったことのないことを行うのはとてもリスクが高いのです。

　こんなことをやってみたら子どもたちが活躍しそうだな，とか，力がつきそうだな，と思うことがあったら，まず，**研究授業の前に何回か試してみましょう。**

> **POINT**
> できないことは指導案には書かない。先輩のアドバイスもきちんと消化してから書こう。あれもこれもと詰め込みすぎてしまうと，研究授業は破綻する。

第2部
研究授業をつくる

第2章　研究授業を行うときに

- 01　子どもたちにしっかり予告を ……………………………………… 76
- 02　腹をくくって臨む ……………………………………………………… 78
- 03　研究授業でやってはいけないこと ………………………………… 80
- 04　研究協議会で授業者が語るべきこと ……………………………… 82
- 05　参観者の質問には４つのタイプがある …………………………… 84
- 06　参観者の意見の受け止め方 ………………………………………… 86
- 07　助言者の指導講話の聞き方 ………………………………………… 88

01 子どもたちにしっかり予告を

> **CHECK** 子どもが自然体で授業を受けられることを願い，子どもに予告なしで行った研究授業。いきなりまわりに大勢の先生方の姿を見る子どもたち。この状態では，自然体での授業は不可能。

☑ いつ，何の時間に何人来るか

　人に見られることに慣れているクラスでも，研究授業は緊張して迎えるものです。まして，予告なしで研究授業を行い，自分のクラスによく知らない先生が入ってきて，ノートをのぞかれたりすることは，子どもにとってはこのうえなく緊張するとともに，大きなストレスを感じるものになります。

　したがって，**子どもたちが授業をできるだけ落ち着いて受けることができるように，しっかりと予告をして心の準備をさせることが必要**になります。

　まず，知らせておくことは，何日の何時間目，何の教科の時間に研究授業があるかということです。

　また，どのくらいの人数が来るかということも知らせます。

☑ なんのために来るか

　「来週の水曜日の3時間目の国語の時間に，先生方が30人ぐらいお見えになります」
と子どもたちに告げると，
　「えーっ，なんで～」
という反応があります。
　そこで，参観の目的を子どもたちに伝えます。

その際、「国語の研究部会で、先生が授業をやることになったから…」という教師側の事情を伝えても意味はありません。

子どもたちには、このクラスの授業をわざわざ大勢の先生が見に来る目的を伝えます。

☑ 自信をもたせる目的

このときに、子どもたちが自信をもてるような、参観者側の目的を伝えます。言い換えれば、**参観者に見てほしいこのクラスのよさ**を子どもたちに伝えます。「このクラスのみんなは、とても話し合いがいっぱいできるから、それを先生たちが勉強させてもらいにくるんだよ」とか、「このクラスのみんなは授業中いっぱい手があがるって評判なので、先生たちが勉強しにくるんだよ」というように、子どもたちがもっているよさを伝えます。そうすることで、子どもたちは、自信をもち、期待して授業を待てるようになります。

☑ 自信のある姿を具体的に

子どもたちに自信をもたせたら、自信のある姿をもう少し具体的に伝えます。例えば、「先生方はみんなが書いているノートを見るけれど、いつもとてもいいことが書いてあるので、堂々と見せてね」などと伝えます。

☑ いつ知らせるか

授業の三日くらい前には伝えましょう。また、単元の冒頭で伝えるのも、その単元の学習意欲を高めることにつながります。

> **POINT**
> 子どもにも心の準備が必要です。いつ、何の時間に何人の先生方が参観に来るのかきちんと伝えよう。子どもたちの励みになるような目的を伝え、自信をもって授業に臨めるようにしよう。

02 腹をくくって臨む

 授業が始まった。子どものまわりで大勢の先生方が見ている。子どもを指名をする。自分の意図とは違う反応が返ってきた。焦る。こんなとき,どうしたらよいのだろう…。

☑ 相手意識は目の前の子どもに向けて

　研究部会で練りに練った指導案。ここに書いてあることを全校の先生方に提案したい。または,主眼の達成を目指したい。そう考えることは大切なことです。

　けれども,授業の相手はあくまで目の前の子どもたちです。

　指導案に書いたことは,子どもの状態を把握しながら進めていく必要があります。こちらがどんなに予測しても,子どもがその通りに動いたり,語ったりする保障は当然のことながらありません。

　授業は,そんな子どもたちにその1時間でしっかりと力をつけるために行っています。

　指導案に書いた通りに進めることにとらわれ過ぎてしまうと,目の前の子どもたちの姿を見失ってしまいます。子どもの状態を把握できなかったり,発言の意味を解釈できなくなったりします。

　そうなってしまうと,授業者にとっても,子どもにとっても悲劇です。

　ですから,研究授業の本番では,授業の主眼や,研究部会で提案したいことや,授業展開を頭に入れたうえで,**目の前の子ども一人ひとりの様子をよく見て,一人ひとりのために授業を行うというように腹をくくって臨むことが大切**です。そういった気持ちを強くもつことで,子どもの発言にもしっか

りと耳を傾けられるようになります。

☑ 本時案から離れる３つの場合

　子どもの状態を把握して授業を展開していく中で，本時案とは異なることを行うのに，次の３つの場合があります。それぞれを頭の中に入れ，準備をしておけるとよいでしょう。

　１つめは「削る」ということです。指導案に内容を盛り込みすぎた，導入で予想以上に時間がかかった，話し合いが予想以上に盛り上がった，このようなことが原因となって，このままでは45分で授業が終わらないという場合，内容を削ることが必要になります。よくあるのは，導入を５分と計画していたのが，なかなか授業者側の意図に合う課題解決の見通しが出ず，15分くらいかかってしまうというものです。導入はコンパクトにすべきですが，もしここが伸びたら，ここを削るという見通しをもっておくと乗り切れます。

　２つめは「増やす」ということです。個人で考えさせたけれど，なかなか意見がもてない，そのためにペアで相談する時間を設ける，といったことです。特に，時間に追われると，本来は「増やす」意識になるべきところを疎かにして，多くの子どもたちにとって力がつかない授業になってしまいます。

　３つめは「別の展開に進む」ということです。これはめったにないことですし，望ましいことではありません。主眼の達成や部会の提案を示すことを基本としながら，授業を進めましょう。

POINT

授業はだれのために行っているのかをはっきりと意識しよう。それは，目の前の子ども一人ひとりのため。本時で目指す姿に対する子どもの状態を把握しながら進めよう。

03 研究授業でやってはいけないこと

> **CHECK** 日常の授業から離れたよそ行きの授業をすると,子どもたちは戸惑い,面食らってしまう。あまりにも準備された授業だと,子どもは白けてしまう。

☑ 導入に命をかけない

　見たことのない事象と出合わせ,子どもたちを驚かせ,「なぜ」を引き出したいと考え,導入を凝ったものにする授業があります。確かに,子どもたちは興味をもちますが,追究への意欲が長続きしない,追究が焦点化しない,授業の落ち着きがなくなる,導入にすごく時間がかかる…といった問題も起きがちです。

　これは,導入場面以降の授業の設計や,導入の時間配分が甘かったりすることに起因するものです。導入場面でもった意欲を継続させ,追究が焦点化するように授業をつくっていくことも大切ですし,そもそも子どもはこの1時間,授業を受けるという意識になっているわけですから,**過剰な演出は避け,シンプルな導入で,豊かな展開を心がけるべき**です。

☑ なんでもかんでも準備しない

　子どもが根拠としてきそうな叙述を短冊に書いておき,発言があると貼りつけたり,発言内容そのものを予想して短冊に書いておき,発言があると黒板に貼りつけたり,といった光景をよく見ます。

　板書する時間が省かれ,黒板に短冊が貼られた様も壮観です。
　けれども,そういったとき,

「先生は私たちに意見を求めるけれど，結局すべて先生の言ってほしいことを求めているだけじゃん」
と思っている子はいないでしょうか。

　子どもが発言したことに対して，
「すごいね～。そんなこと考えるなんて，先生も気づかなかったよ」
と言いながら，その子の発言内容と類似したことがあらかじめ書かれた短冊を授業者が黒板に貼る様子を見ると，ゾッとしてしまいます。

　子どもが発言することを予測しておき，どのように位置づけるか考えておくことは当然ですが，それが露骨に出てきてしまうことは避けましょう。

☑ 参観者に媚びない

　授業が終わった後，「見に来てくださった先生に礼をしましょう」と言って子どもに礼をさせる授業者がいます。しかし，本来は，授業をがんばった子どもたちに，授業にお邪魔して勉強させてもらった参観者が礼をするのが筋ではないでしょうか。負担をかけた子どもを使って参観者に媚びるようなことは避けましょう。

☑ 緊張感を子どもにも与えない

　子どもの挙手が少ないとき，
「おやぁ，今日は先生方が見ているのでみんな緊張してるのかなぁ」
などという授業者がいます。子どもをリラックスさせるためのひと言なのでしょうが，余計に子どもを緊張させてしまいます。

POINT
授業の導入で盛り上がりすぎると後半息切れしてしまう。板書の時間を省くために発言内容があらかじめ書かれた画用紙は子どもを白けさせる。普段の授業を心がけよう。

04 研究協議会で授業者が語るべきこと

> **CHECK** 長い間かかって準備し，緊張の中迎えた研究授業。あっという間の45分だった。子どもを帰し，研究協議会場に行く。大勢の参観者の前で何を語ればよいのだろう。

☑ 謙虚な姿勢で

　大勢の先生方がクラスを自習にしてまで，あるいは，遠方の学校から出向き，自分の授業を参観してくださったのです。
　参観者のそういった事情にまず思いを寄せ，感謝の気持ちをもちましょう。
　同時に，参観者の先生方からたくさんのことを教えていただき，自分のこれからの授業に生かしたいという気持ちをもちましょう。
　それらの気持ちから生まれる姿は，謙虚なものになります。
　特に，「今日は子どもたちが活躍したなぁ。大成功だ！」という満足感をもったときほど，**参観者から教えていただきたいという気持ちをもつことが必要**です。授業者が自己満足に浸っている姿を目にすると，参観者には必要以上に授業を批判的に解釈するという意識が働くのは言うまでもありません。

☑ 参観者へのお礼とお願い

　まず，忙しい中都合をつけて授業を参観してくださった先生方にお礼を述べます。そしてたくさんの意見をいただきたいというお願いをします。

☑ 本時案からの変更点

　次に，本時案から実際の授業で変更した箇所について説明します。なぜ変

更したのかを端的に語ります。

☑ 主眼の達成，研究部会の提案に対する自己評価

その後，主眼の達成や，研究部会の提案についての授業者なりの評価をします。研究協議会での議論の中心は，主眼の達成にかかわる手立ての効果，研究部会の提案の有効性です。授業者が，主眼や研究部会の提案についてまず言及することで，参観者の話し合いに対する意識を，議論の本筋に焦点化する効果があります。

子どもの姿を根拠としながら自分なりの評価を示し，参観者側の評価を聞きたいということを述べます。**時間がもったいないので，端的に述べる**ことがポイントです。

☑ 困ったところや迷った点

授業を展開していくうえで，どうしたらよいか悩んだことを積極的にあげましょう。

机間指導でアドバイスしたけれど鉛筆が動かなかった，全体追究のときに一人ひとりの考えを整理して出せず話し合いがごちゃごちゃになった，この意見に対して問い返しをしたかったが言葉が見つからなかった…などなど，困ったところや迷った点は研究協議会の冒頭で出し，どうしたらよかったのか意見を求めましょう。

> **POINT**
> 主眼の達成度について自分なりの評価をしよう。部会の提案がある場合は，それについて自分なりの評価を。困ったところや迷った点も積極的に提示しよう。

05 参観者の質問には4つのタイプがある

参観者から出される質問には，4つのタイプがある。どんな意図の質問かを考えつつ，どんな質問にも正対した答えを誠実に述べたい。

☑「教えてほしい」型質問

　研究協議会で参観者からいただく質問は，大きく4つのタイプに分類できます。
　まず，「教えてほしい」型質問です。これは，**指導案の文脈や，授業での発問・指示などに対して，その意味や意図がわからないとき，説明を求めて投げかけられる質問**です。

☑「参考にしたい」型質問

授業者の行ったことに対して「私の学校でもぜひやってみたい！」と思ったときに行われる質問です。
　例えば，子どもがタブレットを自由自在に使いこなすのを見て，「いつ，どんなときに使ってきたのですか」と尋ねるような質問です。参考にしたい点が多い授業では，授業者が質問攻めにあうこともあります。

☑「よさ引き出し」型質問

授業者の行った手立てのよさや，研究部会の提案のよさをもっと引き出したいという意図で行われる質問です。
　この質問は，授業や研究のよさが指導案や授業者の反省では十分に表現し

きれていない，あるいは，表現されているけれど，参観者にもっとよさを広げたいという願いがあります。
　よさを引き出す質問かな，と感じたら，自信をもって，詳しく説明しましょう。

☑「攻撃準備」型質問

　これまで紹介してきた３つとは異なり，**授業に対して批判的な立場からの質問**です。まず，質問の形をとり，授業者，あるいは研究部会の考えを確認したり，意識していなかったことを引き出したりしておきます。
　そのうえで，話し合いになったときに，質問の答えを引き合いに出しながら，授業の課題を指摘する，といったものです。例えば，
　「先生の学級では子ども同士の相互指名をいつもやっているのですか？」
と問い，
　「そうです。相互指名することで子ども同士がかかわっています」
というような答えを引き出しておきます。そのうえで，
　「子どもたちの話し合いが同じようなことの繰り返しで深まりがありませんでした。その原因として相互指名があるのではないか…」
といった批判を展開します。
　このような形で批判を受けると結構辛いものです。しかし，授業づくりに関して様々な考えがあることや，自分の考えに不足している部分があることを教えていただいていると捉えましょう。そして，質問を正確に聞き取り，誠実に答えることを大切にしましょう。

POINT
　「教えてほしい」型質問，「参考にしたい」型質問，「よさ引き出し」型質問，「攻撃準備」型質問のうちどれであっても，何を聞きたいのかを正確につかむことを心がけ，誠実に答えよう。

06 参観者の意見の受け止め方

> **CHECK** 自分の行った授業に対する賛成・反対に関心をもつことも大切。加えて，広い目で，子どもの見方，授業のつくり方を学ぶことに対しても関心をもちたい。

☑ 提案に対する評価を聞く

　研究協議会でまず関心をもつべきことは，主眼達成のために研究部会で提案したことに対する参観者からの評価です。どのような子どもの姿から判断しているのかをよく聞いて，具体的にどんな子どもの姿になればよいのかということを知りましょう。手立ての有効性についての評価もよく聞き，こういったことをすると効果的だということを頭に入れていきましょう。

☑ 知らなかった姿を知る

　上に述べたように，研究協議会では，授業や研究に対する評価，賛否が出されます。研究授業を行う目的から言えば，そのことを関心の中心に置くことは必要です。ただ，あまりそのことに意識が偏りすぎると，自分と反対の意見への反論ばかりを考えたり，賛成意見から慢心を招いたりしてしまうこともあります。

　そこで，もう少し見方を広くして，明日の自分の教室づくりへのアドバイスをもらえる場として研究協議会の意見を聞くこともよいと思います。

　研究協議会での意見は，授業中の子どもの様子に基づいて出されます。

　普段自分が接している子どもが，このときこんな表情をしていたんだ，こんなつぶやきをしていたんだ，といったように，**自分が知らなかった子ども**

たちの一面に気づかせてもらえます。

☑ 子どもの見方を知る

「この子は最初，下を向いて鉛筆をいじっていて，授業に集中していなかった。授業者が写真を黒板に貼ったとき，ちらっと黒板を見た。そこから写真に写っている人が何をしているのかに興味をもち，ずーっと写真を見つめ，授業に集中していった」
といったように，**参観者の意見をよく聞くと，客観的な子どもの姿だけではなく，その姿から，そのときの気持ちを解釈して語っているものが多くあります**。子どもの姿とその内側にある気持ちを示してもらえることで，こういった姿のときにはこういった気持ちなんだといった子どもの見方を学ぶことができます。

☑ 授業のつくり方

「Aさんは，ごんの気持ちについて他の子とは異なる解釈をして，『悲しかった』と発言していた。そのときに，先生は板書をしたが，すぐ別の子を指名していったので，話し合いが深まるチャンスを逃した。Aさんが発言したときに，『どこから，どうしてそう思ったの？』という問い返しをして，根拠となる叙述や理由を尋ねて，それに対する他の子の考えを聞くべきだった」
といったような**代案をよく聞くことで，課題となったポイントを次に生かす示唆を得ることができます**。

> **POINT**
> 授業で行った提案に対して参観者はどのような判断をするのかにまず意識を向けましょう。そのうえで，意見から，自分のクラスの子どもの様子を知り，子どもの捉え方，指導の仕方を学びましょう。

07 助言者の指導講話の聞き方

CHECK 助言者の指導講話を聞くときには，まず要点となるところをしっかりとつかむことを意識して臨みたい。示されたことはよく覚えておき，今後の自信につなげたい。

☑ 成果と課題を聞く

　助言者からの指導講話を聞くときには，何について聞くのか，自分の中で観点をもちましょう。そうすることで，長い話を整理して聞き取ることができます。

　また，それぞれの内容ごとに小見出しをつけるようにしていくと，聞いた内容を頭の中にきちんと入れておくことができ，明日からの授業に生かすことができます。

　まず意識したいのは，授業の成果と課題です。主眼の達成や，研究部会の提案についての成果と課題を聞きます。その際，**「どんな点がどんな理由で」成果や課題として評価されるのかということを整理することが大切**です。

☑ 指導の背景にある知見を理解する

　成果や課題として示されたことが，どんな知見に基づいているのかに関心をもつことも大切です。

　学習指導要領の指導事項に基づいているのであれば，指導されたことをきちんと普段の授業に生かしていくことを意識します。

　読み聞かせなど専門的な分野からの知見に基づいているものであれば，指導を受けた分野についての授業づくりに生かしていくことを意識します。

さらに，退職した校長先生などからの指導が，授業づくりや子どもの見方についての経験的知見に基づいているのであれば，授業をつくる基本として受け止めるとよいでしょう。

☑ 自分にはない視点，プランを知る

研究協議会の意見を聞く場合でも同様ですが，自分にはない視点やプランを聞き取りましょう。

自分にはない視点とは，例えば，**「子どもの姿とそのときの気持ち」「子どもの気持ちの変化とその原因」**などです。それまで自分がもっていたその子の姿の解釈の仕方に加え，新しい視点を得ることができます。

また，自分にはないプランを聞くことで，**「あのとき，迷ったけれどこうすればよかったんだ」**というように，すっきりした気持ちになることができます。すっきりすることで，今回の授業ではうまくいかなかったことが，次に類似した状況に直面したときの成功へとつながります。

☑ 自信につなげる

助言者の指導講話を，明日への自信につなげましょう。指導していただいた内容の中で，成果として位置づけられることは，自信としたいところです。また，課題として示されたことも，代案が示されていれば，明日の授業から生かしていくことができるので，明日への自信につながります。

それらは，**授業者になったからこそ得られる宝物**なのです。

今日得られたことに自信をもち，明日も子どもの前に立ちましょう。

> **POINT**
> 指導講話を聞く際は，提案の成果と課題，指導の背景となる知見，自分にはない視点，自分にはないプラン，などの観点をもち，聞いた内容ごとに見出しを立てておきましょう。

第2部 研究授業をつくる

第3章 各教科の指導案作成のポイントとモデル指導案

01 国語の指導案作成のポイントとモデル指導案❶ 話すこと・聞くこと……92
02 国語の指導案作成のポイントとモデル指導案❷ 書くこと……96
03 国語の指導案作成のポイントとモデル指導案❸ 読むこと……100
04 国語の指導案作成のポイントとモデル指導案❹ 古典……104
05 国語の指導案作成のポイントとモデル指導案❺ 書写……108
06 社会の指導案作成のポイントとモデル指導案……112
07 算数の指導案作成のポイントとモデル指導案……116
08 理科の指導案作成のポイントとモデル指導案……120
09 音楽の指導案作成のポイントとモデル指導案……124
10 図画工作の指導案作成のポイントとモデル指導案……130
11 体育の指導案作成のポイントとモデル指導案……136
12 外国語・外国語活動の指導案作成のポイントとモデル指導案……142
13 道徳の指導案作成のポイントとモデル指導案……148
14 総合的な学習の時間の指導案作成のポイントとモデル指導案……154

01 国語の指導案作成のポイントと モデル指導案❶ 話すこと・聞くこと

 「話すこと・聞くこと」の力は1回きりの授業ではつかない。
話し手，聞き手，双方に対してどのように指導するか。
消えていく音声言語をどのように評価するか。

☑ 1人での発表の回数を多くとることで力がつく

　「話す力」の向上を目指した授業で見られるのが，しっかりとつくった資料を使いながら，グループでの発表をリレーしていく展開です。

　見栄えがよいので，参観者からすると，この授業はすごいなぁという思いになります。けれども，この授業には2つの問題があります。1つは，**1人のスピーチをする機会が1回限り**ということです。グループ発表の場合だと，1人当たりがしゃべる時間は1分に満たない，という場合すらあります。話す力をつけるための授業で，話す時間が少なければ力がつくはずがありません。もう1つは，**取材や構成をする力の定着に対する懸念**です。グループでの発表だと，リーダーになる子は力をつけていきますが，苦手な子は，リーダーの指示には従っていくことはできても，自分で取材や構成をする力を，切実感をもってつけていくことはなかなか難しいものです。

　1時間の中，1人で発表する回数を数多くとるような展開を設けることにより，話す力はどんどんついていきます。

　また，聞く機会をたくさん取ることで，聞く力もついていきます。

☑ 聞き手意識を高める

　スピーチをつくり，発表し合うという授業では，子どもの意識は発表する

ことに傾きがちです。その結果起こることとして、自分の発表は一生懸命に行うけれど、友だちの発表を聞くときになると、集中力が欠けてしまうといったことがあります。そこで、スピーチを発表し合う授業では、**話し手よりも聞き手意識を高めることを大切にしましょう**。話す練習は発表のときまでにたくさんしているので、自信をもつことを伝えるとともに、友だちがどんな発表をするのかに関心をもち、集中して聞き、自分の考えをもたせます。

☑ どこで何を評価するか決める

音声言語は、すぐに消えていってしまいます。聞く力を高めるための授業では、話を聞いた際のメモや感想を書くようにし、書いたものを見て評価します。話す力を高めるための授業では、聞き手の評価・感想を基にして評価することもありますし、録画してそれを基に評価することもあります。

> **POINT**
> 話す・聞く力を高めるには、話す・聞く活動を数多く行うこと。
> スピーチの授業は聞き手意識を高めよう。
> 何を基にして評価するのかを決めることも重要。

授業案（3年）
単元名　「しりょうからわかったことを伝え合おう」
単元の指導計画（全7時間）
一次　小学生に関する資料からわかることを知り合いたいという意識をもつ。
二次　資料を選び、スピーチの準備をする。
三次　スピーチを聞き合い、小学生に関する考えを広げる。（本時）
本時のねらい
　話し手の話す内容に対して、自分が知っていること等と比べて聞き、自分の考えをもつことができる。

モデル指導案

学習活動	教師の指導・支援 ◎個への手立て	評価 【】評価の観点（）評価方法
1　本時の学習課題（めあて）を設定する。	・お互いの発表を聞いて，小学生についての考えを広げることを確認する。	**成功へのポイント！** 話を「聞く」ことへの意識を高めます。

> 学習課題　発表を聞き合い，小学生についての考えを広げよう。

2　見通しを設定する。 「見方・考え方」の見通しを設定する。	・「A読書量の推移」「B小学生の数の推移」「C将来の夢」について，自分が選択しなかった資料に関して，知っていることなどを出させて，発表内容と比較するものをもたせる。	

> 見通し　自分が知っていることと比べてスピーチを聞いて感想をもつ。

3　活動の仕方を知る。	・あらかじめ以下のことを模造紙に書いておき，説明する。 ①1つのグループに，おおよそA，B，Cそれぞれ1人ずつ入るように分かれる。 ②決められた場所に移動し，	**成功へのポイント！** 子どもたちのグループ分け，活動を行う場所の指定，進行役決め，発表順などあらかじめできることは，本時までにしておきます。

	スピーチをする。 ③スピーチが終わったら聞き手は感想を書き，スピーチを行った人に伝える。 ・スピーチが終わったら拍手をするよう指導する。 ・グループの全体進行役，発表順をあらかじめ決めておく。	
4　スピーチを行い，感想を伝え合う。	・教室の中で分かれて，グループでスピーチをし合う。 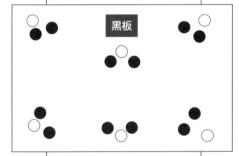 ・感想を書いたうえで，伝え合う。 ・全員終わったらグループを変えて，話す機会を3回程度確保する。	
5　本時の振り返りをする。	・スピーチを聞いて思ったことと，自分と比べることについて振り返らせる。	・スピーチ内容を自分の知っていることと比べて感想を書いている。 【聞】（感想メモ）

02 国語の指導案作成のポイントとモデル指導案❷ 書くこと

> CHECK 書いてさえいれば,「書くこと」の授業になるわけではない。
> 「書くこと」の単元で子どもの意識を継続させ,書いたものを読み合う活動の効果を上げるにはどうすればよいのか。

☑ 「書くこと」領域の学習＝書く活動ではない

　子どもたちが文章を書いてさえいれば,「書くこと」の授業になるということはありません。例えば,「ごんぎつね」を読み,感想文を書く授業。作文を書いていますが,この活動は読み取りを深めることが目的になるので「読むこと」の授業になります。**「書くこと」領域の授業は,書く力を高めるために行われるもの**です。

☑ 相手・目的・条件をしっかり決めて

　「書くこと」の単元は長いものが多いです。やる気をもって活動に取り組んでもらうには,まず,書いたものを読む相手をはっきりと決めることが必要です。また,なんのために書くのかという目的をしっかりともたせることも必要です。キャンプに行った５年生の子どもたちが,来年キャンプに行く４年生に楽しいキャンプをつくるために必要なことを教えるとか,キャンプに行かなかった保護者にキャンプで楽しかったことを伝える,など,相手と目的を定めることによって,子どもたちのやる気は高まり追究の意識が焦点化します。また,何に,どのくらい書くのかといったこともしっかり決めましょう。**枠組みがあることで,どう書いたらよいのかという方法意識が高まるので**,「書くこと」領域の力を確かにつけていくことにつながります。

✓ 先生がモデルを示す

　この１時間でつける力をどの子にも，と考えて最もよく使われるのが先生のモデルを示す方法です。授業のはじめにモデルを示すことで，子どもが目指すところがはっきりします。加えて，**モデルをつくる中で子どものつまずきを予想する**ことができ，どう指導したらよいのかイメージもわきます。

✓ 推敲か共有かはっきりさせて

　「書くこと」の授業でよく行われるのが，書いた文章をお互いに見合う活動です。その際に最も大切なことは，**直すために見合うのか，お互いが書いたもののよさを感じ取るために見合うのかをはっきりさせる**ことです。

> **POINT**
> 書く力をつけるのが「書くこと」領域の授業のねらい。
> 子どもの意識を継続させるために，相手，目的をはっきりさせよう。
> 書いたものを見合う際には，なんのためにやるのかを焦点化する。

授業案（5年）
単元名　「日本はくらしやすくなっていくか」
単元の指導計画（全６時間）
一次　自分たちの社会はくらしやすい方向に向かっていくか考える。
二次　自分の考えに合うグラフ・表を活用し，意見文をつくる。
三次　お互いの文章を読み合う。（本時）
本時のねらい
　学級の子どもに向けて，「日本はくらしやすくなっていくか」について自分の意見を書いた文章を互いに読み合い，感想を交流する活動を通して，自分の文章のよいところに気づくことができる。

モデル指導案

学習活動	教師の指導・支援 ◎個への手立て	評価 【】評価の観点 () 評価方法
1　本時の学習課題（めあて）を設定する。	・日本はくらしやすくなっていくか否かについて立場ごとに挙手させる。	

学習課題　お互いの文章を読み，考えや書き方のよさを学ぼう。

学習活動	教師の指導・支援 ◎個への手立て	評価 【】評価の観点 () 評価方法
2　見通しを設定する。「見方・考え方」の見通しを設定する。	・内容面では，意見文で述べている結論や，目のつけ所について感想をもつことを指示する。 ・単元での既習事項を基に書き方について「読み取ったこと，理由，主張」の関連性に目をつけて感想をもつことを子どもから引き出す。	**成功へのポイント！** 働かせる「見方・考え方」を導入で見通しとして示します。

見通し　①結論，目のつけどころへの感想をもつ。 　　　　②「読み取ったこと，理由，主張」のつながりのよさを見つける。

学習活動	教師の指導・支援 ◎個への手立て	評価 【】評価の観点 () 評価方法
3　活動の仕方を知る。	・あらかじめ以下を模造紙に書いておき，説明する。 ①意見文とノートを隣の人に渡しお互いに読む。 ②内容，書き方についての感想，勉強になったことをノートに書く。（ここ	

	まで7分とする) ③7分経ったら，ノートに書いたことを声に出して伝え合う。 ④終わったら廊下側の席の人が1つ動く。 ・違う見方の子ども同士が近くになるようあらかじめ席を変えておく。 ◎感想を書くのに時間がかかっている子どもに例を示し，支援をする。	**成功へのポイント！** 子どもたちのグループ分け，活動を行う場所の指定，進行役，発表順など，あらかじめ決めておけることは，本時までに行っておきます。
4　隣同士で意見文を読み合い，感想を伝え合う。	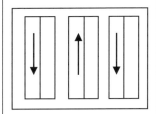 ・矢印のように動く。 ・相手を変え4回程度行う。	
5　友だちの文章や自分への感想に対し，感じたことをまとめ発表し合う。	・友だちの文章のよさとともに自分の文章のよさも自覚させる。	
6　本時の振り返りをする。	・わかったことと学習方法を振り返らせる。	・着眼点や結論のよさ，根拠・理由・主張のつながりのよさに触れてまとめている。 【書】(ノート)

03 国語の指導案作成のポイントと モデル指導案❸ 読むこと

> **CHECK** 登場人物の心情を読み取ることばかり意識した授業では、読む力はつかない。
> 子どもが生活経験ばかり語る授業でも、読む力はつかない。

☑ 次に使える「読み」の力を意識して

　物語教材を使った読みの授業。子どもたちの発言やつぶやきを授業者がうまく誘導し、見事な解釈に導いていく。授業後の教室には、作品への感動の余韻が漂う。黒板には子どもの発言を予想してあらかじめ授業者が色画用紙に書き込んだ文字が鮮やかに踊る…。

　物語教材を豊かに解釈できたという点ではすばらしい授業ですが、こういった授業には、授業づくりの視点として**「子どもが1人でできる読み方」**の指導が欠けていることが多々あります。これでは次に使える読みの力、つまり「読むこと」領域で働かせる「見方・考え方」の自覚や獲得につながりません。物語を読む授業で内容偏重になる傾向が強いので注意したいものです。

　では、どうすれば内容の理解とともに方法の獲得ができる授業になるのでしょうか。そのポイントは、**「この解釈を導き出したいときに、どんな叙述に目をつけてどう考えればよいか」**というように、授業者が解釈した結果からさかのぼって、見方や考え方を決め出していくようにすることです。読み取りの際、個人指導で子どもにかけている言葉や、子どもにヒントとして示す言葉を読みの方法として、授業の早い段階で、全体で共有するのです。

☑ 発言は叙述に基づいて

子どもの発言が，自分の生活経験に基づくものに偏っていってしまうと，教室での話し合いがどんどん教材から離れていってしまいます。

　このようなことにならないためには，**教材文に書いてあることを根拠にして発言することを浸透させる**必要があります。例えば，子どもが「ごんはうれしかったと思います」と発言したときに，「どこからそう思ったのですか？」と問い返すようにして，発言するときには自分の意見の根拠となる「叙述」を述べるという意識づけをします。

　そのうえで，「なぜ」そう考えたのかという，根拠と主張をつなぐ「理由」を言えるようにしていきます。

　「なぜ」そう考えるのかという「考え方」が，読み取りを深めていくカギであるとともに，読みの力の核となるものです。

> **POINT**
> 「読むこと」の授業では，「何を」読み取るのかとともに「どうやって」読み取るのかをはっきりさせておくことが大切。
> 発言は「叙述」に基づいて行うことが確かな読みにつながる。

授業案（4年）

単元名　「『ごん』の気持ちの変化を説明し合おう」（「ごんぎつね」）

単元の指導計画（全14時間）

一次　作品中「ごん」の気持ちの変化を知り合うことに関心をもつ。
二次　「ごん」の気持ちの変化を捉え，説明し合う（第1時を本時とする）
三次　学んだことを基にして感想を書き，交流する。

本時のねらい

　つぐないをするごんの気持ちが強くなっていったことを，つぐないに使ったものに着目して，比較することにより，理解することができる。

モデル指導案

学習活動	教師の指導・支援 ◎個への手立て	評価 【】評価の観点 () 評価方法
1　本時の学習課題（めあて）を設定する。	・2場面終末で感じていた後悔を基にごんがつぐないを始めたことを確認する。	

学習課題　つぐないをするごんの気持ちの変化を説明し合おう。

2　見通しを設定する。「見方・考え方」の見通しを設定する。	・どんな叙述に着目すればよいか問う。 ・どのように考えていけばよいか問う。 ・つぐないをする中で変わったものは何か問い、見通しを引き出す。	**成功へのポイント！** まず子どもに解決方法を考えさせます。

見通し　ごんがつぐないに使ったものを比べて気持ちの変化を考える。

3　ごんがつぐないのために使った物に傍線を引きながら、3場面を音読する。	・机間指導の際、「いわし」「くり」「松たけ」に線を引きながら音読しているか確認する。	**成功へのポイント！** 「〜（観点）でいわしとくりを比べると、いわしは…、くりは…」 「…だと○○な感じがするけれど、…だと◇◇な感じがするので、つぐないの気持ちは、▽▽になっている」 といったフォーマットがあると考えやすくなります。
4　つぐないのために使ったものを確認し合う。	・「いわし」「くり」「松たけ」を板書する。	
5　個人追究で、それぞれを比較し、兵十の気持ちの変化を考える。	・表をつくらせ、観点に沿って、それぞれの比較をさせる。 ・表の観点を子どもたちに問い多様な見方を引き出す。 ・説明の仕方のフォーマットを示し、表を基に文章化させる。	

		◎具体例を示し，考えやすくさせる。

比べる点	とり方	量	とどけ方	回数
いわし	いわし屋からぬすんだ	五、六びき	投げこんだ	一回
くり	山で拾う	どっさり	物置の入り口に置く	最低でも四日連続
松たけ	書いてない	二、三本	書いてない	最低でも四日目に初めて

6　隣同士でペアになり，お互いの考えを説明し合い，筋道が通っているか確認し合う。	・ペアになり，お互いの考えを補正し合わせる。	
7　全体追究を行い，お互いに考えたことを説明し合う。	・考えたことの発表を，観点別にさせる。 ・それぞれの観点からの意見を出させた後，複数の観点を関係づけた意見を出させる。	
8　ごんのつぐないをする気持ちの変化をまとめる。	・個人に戻り，意見交換を参考にして，つぐないをする気持ちの変化について改めてまとめる。	
9　本時の振り返りをする。	・つぐないの気持ちが強まったこと，反復表現の比較の効果について振り返らせる。	・学習したことを基につぐないの気持ちが強くなったことを読み取っている。【読】（ノート）

04 国語の指導案作成のポイントとモデル指導案❹　古典

　古典は難しい。小学生はやる気をもつのか。
　古語で書かれていることの意味はどこまで理解させるのか。
　古典の文章のどんな特性を学べばよいのか。

☑ 子どもは古典が大好き

　中学校や高校での古典の学習を通して，古典が大好きという先生もいると思いますが，難しい言葉や言い回しが多く，古典に対して苦手意識をもっている先生も多いと思います。小学生も古典は難しくてよくわからない，苦手，そんなイメージでいるのかと思うと，実際はそんなことはありません。

　小学生は古典が大好きです。俳句や短歌を声に出して読むことも好きですし，暗唱も積極的に取り組みます。「竹取物語」の冒頭を読むと，「あれっ，どこかで聞いたお話に似ている」「かぐや姫だ！」といったように，なんとなくわかる言葉を手がかりに物語の内容を思い浮かべていきます。

　したがって，古典の文章を教材として研究授業を行う場合，子どもたちは基本的に積極的に学習に入り込んでくるということを頭に入れておきましょう。苦手なものをどうやって魅力的にしていくかという発想ではなく，**子どもたちの積極性をバネにして一層楽しい学習をつくっていく**という意識で授業プランを立てましょう。

☑ 言葉の意味はだいたい理解する程度に

　いくら古典に関心があるといっても，音読している文章の言葉の意味がまったくわからなければ，すぐに子どもは飽きてしまいます。意味のわからな

い音を発音していても，リズムや響きのおもしろさを感じるだけなので，作品世界が浮かんではきません。かといって，一字一句逐語訳していくようにして意味を理解していくのは，子どもにとってとても退屈なことです。

古典に関しては，**だいたいこんなことが書いてあるなという程度を子どもが理解できればよい**のです。

教科書に掲載されているレベルの意味理解で十分です。

☑ 声に出してリズムや響きを感じる

小学校の古典の学習で最も楽しいのが，音声化することです。

個人で音読，暗唱したり，リレー読み，群読したりするなどいろいろな方法を使って楽しみながら音声化していきましょう。

> **POINT**
> 子どもは古典を音読するのが大好き。
> だいたいの意味を知ることを大切に。
> たくさん声に出して読んで，リズムや響きを感じさせたい。

授業案（5年）

単元名　「群読を楽しもう」（「古典の世界（一）」）

単元の指導計画（全4時間）

一次　古典の文章を群読して聞き合うことへの興味をもつ。
二次　グループで群読をつくり聞き合う（本時はこの中の第2時）。
三次　古典の文章の群読をすることの楽しさを振り返る。

本時のねらい

「枕草子」「平家物語」のうちグループで好きな方を選び，つくった群読を，リズム等に注意し聞き比べることで，それぞれの作品の特徴を感じることができる。

モデル指導案

学習活動	教師の指導・支援 ◎個への手立て	評価 【】評価の観点（）評価方法
1　本時の学習課題（めあて）を設定する。	・グループごとにつくった「枕草子」「平家物語」の群読を聞き合って、作品の特徴を見つけていくことを指導・確認する。	

学習課題　群読を聞き合って、それぞれの作品のおもしろさを知ろう。

2　見通しを設定する。「見方・考え方」の見通しを設定する。	・作品の特徴を捉える観点を決めて、比較していくことを示す。	

見通し　聞き比べる観点を決めて、それぞれの作品を比べる。

	・2つの作品の印象の違いから観点にさかのぼるという思考も認める。	
3　グループごとに群読の練習をする。	・何を表したいか、どこでだれがどのように読むか確認してから練習する。	**成功へのポイント！** すぐに発表するのではなく、練習を入れることで、リラックスし、群読のレベルも上がります。
4　お互いの群読を聞き合い、感想を伝え合う。	・以下のことを説明してから活動に入らせる。 ①教室の四隅を使って発表していく。	

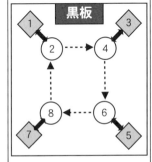	②1つのコーナーに2グループが集まる。 ③発表を聞いたら感想を伝えて，聞き手と発表者を交代する。 ④感想は，どこをだれ（たち）がどのように読んでいたのでこんな感じがした，というように述べる。 ⑤お互い発表が終わったら，2，4，6，8は時計回りに1つずつ動く。 ・◇は「枕草子」○は「平家物語」を群読するグループとして，両方の作品の群読を聞けるようにする。	**成功へのポイント！** 研究授業では子どもも緊張します。複数の箇所で発表をすることで，教室が静まりかえることがなくなり，楽に発表できます。
5 「枕草子」と「平家物語」を比較し，特徴をまとめ，発表し合う。	・観点を決め比較させる。 ・必要に応じて，「リズムの点から比べると『平家物語』は速い感じで『枕草子』はゆっくりな感じがしておもしろい」といった例を示す。	
6 学習の振り返りをする。	・2つの作品の特徴や，群読したり観点を決めて比較したりすることの効果について振り返らせる。	・2つの作品の群読を比較し，それぞれの特徴に気づいている。 【伝】（ノート）

05 国語の指導案作成のポイントとモデル指導案❺ 書写

 文字を整えて書くための課題は子どもにより様々。一方で,子どもによって別々の課題をもたせると授業は収拾がつかない。では,どのように指導すればよいのだろうか。

☑「今は何ができるようになりたいのか」を示す

　手本を示し,子どもにまず1枚書かせると,千差万別の出来栄えが見られます。日常で書いている硬筆の字の整い方も個人差がある,だから,毛筆での書写もその子によって課題が異なる,それぞれの子に応じた課題を解決していけるようにしよう…と願い,教師は「自分で書いたものとお手本を見比べて気づいたことを出しましょう」という指示を出します。すると,「私は,横棒の終筆が斜めになっていません」「ぼくは,右払いが全部同じ太さになってしまいました」など,ここでもやはり,子どもによって様々な気づきが出されます。これらを受けて,「では自分が今気づいたことを直せるようにお手本をしっかりと見て練習しましょう」と指示を出して練習を始めます。

　一人ひとりを大切にするという気持ちから生まれるこういった展開の授業では,子どもたちのほとんどは文字の整い方に進歩が見られません。なぜなら,**一人ひとり異なる課題に対して教師はすべて対応することが不可能であり,技能がなければ子ども1人では課題を解決することができない**からです。

　そこで,書写の授業の原則として,その都度「今は何ができるようになりたいのか」を示すことを大切にします。例えば,手本「木」を見て1枚書いた後に,「右払いの形を自分と比べてみましょう」と指示を出し,子どもの反応を受けて,ではまず右払いを整えて書くことを目指しましょう,と目指

すところを絞っていきます。こうすることによって，本時で身につけることが焦点化し，子どもは何ができればいいのかを理解することができます。そして，１つクリアできたら次のことに進んでいくのです。

☑ イメージがわく手立て

目指すところを決めたら，どのようにしたらできるのかに対するイメージをはっきりさせていきます。

毛筆には，独特な筆の運び方をしないと描けない線の形があります。水筆書写板に教師が示範をすることや，子どもと一緒に筆を持ち半紙に書くことなど，伝統的に行われている指導は大変効果的です。

また，書写が苦手な先生なら，子どもにDVDを視聴させ，筆の運び方のイメージをもたせるという方法もあります。**スーッ，グッなど擬態語を使い，筆の運び方をイメージさせることも効果的**です。

> **POINT**
> 何ができるようになりたいのかをその都度１つだけ示す。
> 教師の示範，子どもと一緒に筆を持ち書く，イメージがわく擬態語，具体的なイメージがわく手立てを。

授業案（3年）
単元名　「漢字の筆使いを確かめよう」（「木」）
単元の指導計画（全2時間）
　字形を整えて「木」を毛筆で書く。
本時のねらい
　「左払い」と「右払い」の筆使いを理解して，練習することによって，字形を整えて「木」を書くことができる。

モデル指導案

学習活動	教師の指導・支援 ◎個への手立て	評価 【】評価の観点（）評価方法
1　本時の学習課題（めあて）を設定する。	・「木」を拡大した模造紙を掲示し，本時は「木」の字形を整えて書くことを目指すことを示す。	

学習課題　「木」をお手本のようにきれいに書こう。

学習活動	教師の指導・支援 ◎個への手立て	評価 【】評価の観点（）評価方法
2　手本を見ながら1枚書く。	・教科書の手本を見ながら1枚書かせる。	**成功へのポイント！** まず1枚書かせて手本と比較することにより，自分の状態を知ることができ，必要感をもって課題に取り組む姿勢につながります。
3　自分と手本を比較して気づいたことを出し合う。	・「左払い」の形について気づいたことを出させ手本は次第に細くなっていることを共通理解させる。 ・「右払い」の形について気づいたことを出させ手本は次第に広がっていることを共通理解させる。	
4　本時の見通しを設定する。	・本時は「左払い」「右払い」を整えて書くことを意識化させる。	

見通し　「左払い」「右払い」を整えて書く。

学習活動	教師の指導・支援 ◎個への手立て	評価 【】評価の観点（）評価方法
5　左払いの書き方を知り，練習する。	・水筆黒板を使い，示範する。少しずつ筆を浮かせ	

	るように指示する。	
6　左払いが書けているか隣同士で確認し合う。	・隣同士でペアになり，確認するとともに，助言し合う。	**成功へのポイント！** 子ども同士でアドバイスし合うことを積極的に行います。子どもの言葉の中にこそコツが表れています。
7　右払いの書き方を知り練習する。	・水筆黒板を使い，示範する。払うときに，筆圧を高くし，筆を浮かせながら，穂先をまとめていくよう指示する。 ◎左払いに比べ，右払いは難度が高いので，机間指導をする際，必要に応じて，子どもとともに筆を持ち，書く。	
8　右払いが書けているか隣同士で確認し合う。	・隣同士で確認し合うとともに，どうやったら整えて書けるのかをお互いにアドバイスし合う。	
9　練習後，清書する。	・手本を見て，字のバランスで気づくことを出させる。 ・左払いと右払いの高さがそろっていることに気づかせた後，5枚程度練習させ，清書させる。	
10　学習の振り返りをする。	・「木」を整えて書けたか，払いの書き方がわかったか振り返らせる。	・左払い，右払いを整えて「木」を書いている。 【伝】（作品）

06 社会の指導案作成のポイントとモデル指導案

> **CHECK** 社会の授業では，実際に世の中で起きていることに子どもをつなげていくことが大切。多様な資料，多様な考えと出合い，幅広く社会を見る目を養いたい。

☑ 資料の準備をしっかりと

社会の研究授業を行うとき，最も大変であり，最も楽しいのは資料の準備です。

単元のねらいと，大きな流れを設定したら，子どもたちがどんなことに疑問をもつのかを予想しながら資料を探します。資料を探し当てたら，これで子どもたちがわかることは何か，疑問に思うことは何かを考え，さらに資料を探していきます。範囲は，ウェブサイトに掲載されている内容，図書館にある書籍をはじめとして，現地で撮影した写真，関係者へのインタビューなど多岐にわたります。教師の手持ちの資料を充実させましょう。

☑ 子どもが資料を集める

子どもが見つけてくることが難しい資料は教師側で準備することが必要ですが，基本的には子どもが資料を探すことが大切です。

教師が資料を見つけて与えるよりも，子どもに見つけさせる準備をする方が大変なのですが，資料を活用する力をつけるためにも，多面的な思考力をつけていくためにも，子どもが自分で資料を見つけられるようなしかけをつくっていきましょう。そのためには，**資料を探そうという動機づけと，どんな資料を見つければよいのかという課題の焦点化が必要**になります。

☑ 事実と考えを分ける

　調べたことをまとめていくときに，調べたことと調べたことに対する考察を分けて考えることが必要です。調べたことと考察が混じってしまうと，調べたことに対する考察を正確に，適切に行っていくことができません。

☑ 多様な考えを聞き合う活動を

　社会の授業では，出来事がなぜ起きるのかに対する予想を話し合ったり，資料の解釈を話し合ったり，出来事の意味を話し合ったりする中で，学級内の様々な見方に出合うことが楽しく，自分の視野を広げることにつながります。多様な考えと出合うための話し合い活動をたくさん行いましょう。

> **POINT**
> まず足で稼いで資料を探す。
> 子どもに資料を見つける力をつけよう。
> 対話的活動を充実させ，多面的な思考の形成を。

授業案（3年）
単元名　「スーパーマーケットのひみつを見つけよう」
単元の指導計画（全16時間）
一次　スーパーの秘密を知りたいという課題をもつ。
二次　インタビューやスーパーの見学をして課題追究する（本時はこの中の1時間）。
三次　わかったことや考えたことを新聞にまとめる。
本時のねらい
　見学してわかったスーパーの工夫を，お客さんの願いにより分類することで，スーパーがお客さんのニーズに合わせる工夫をしていることがわかる。

モデル指導案

学習活動	教師の指導・支援 ◎個への手立て	評価 【】評価の観点 () 評価方法
1　本時の学習課題（めあて）を設定する。	・スーパーで見学してきたこととお客さんのニーズを関係づけることを確認する。	
学習課題　スーパーはお客の願いに合うようどんな工夫をしているだろう。		
2　見通しを設定する。	・第二次のはじめに家族にインタビューし，クラスでまとめたお客さんの願いに対して，具体的にどのような工夫がなされていたかを関係づけていくことを示す。	
見通し　お客の願いに合わせてスーパーの工夫を分けていく。		
3　調べて見つけた工夫を出し合う。	・目的を聞いた場合は，「旬のものが目立つように前の方に並べている」のように，「〇〇のために…している」という形で，取材したことを述べさせるようにする。	**成功へのポイント！** 意図と行っていることを分けて説明させることで，考えと事実を分けて考える力が育ちます。
4　お客さんの願いを確	・「いろいろな種類の品物	

認する。	を選びたい」など，これまでまとめたものを確認する。	
5　お客さんの願いに合わせて，工夫を分類する。	・グループになり，お客さんの願いに対応するように，スーパーの工夫を分類していく。	

┌───┐
│ 【安い】   【選べる】   【安全】   【おいしい】 │
│   │
│ チェーン店でた   併設店舗がある   駐車場が広い   旬のものを前へ │
│ くさん仕入れる   （薬，パン）   車いすがある   新鮮なものを仕 │
│   同じものを何種   入れる   │
│   類か仕入れる   │
└───┘

6　スーパーの人達の工夫に対してわかったことをまとめて発表する。	・グループで分類した結果を発表し合う。 ・複数の観点に対応するものは，それぞれの観点のところに追加していく。 ・お客さんの願いとスーパーの人たちの工夫の対応についてまとめる。	
7　本時の振り返りをする。	・本時の学習内容と，お客さんとスーパーの相互関係に着目し，スーパーの工夫を分類することのよさを振り返る。	・お客さんの願いに沿ってスーパーが工夫していることをまとめている。【思・判・表】 （ノート，発言）

07 算数の指導案作成のポイントとモデル指導案

 算数は，問題の解き方がわかり，たくさん問題を解いていくことで考え方の道筋がしっかりと身につく。練習問題までしっかりと到達する授業をつくりたい。

☑ 算数が苦手な子ができるようになる展開を

　算数の研究授業では，1つの問題に対して個人追究し，考えたことを学級全体で話し合い，話し合っているうちに終わり，あるいは話し合いをまとめて終わり，という展開がしばしば見られます。こういった授業では，算数が得意な子は活躍しますが，苦手な子にとっては話し合っている内容もよく理解できず苦痛です。練習問題を解く時間がないので，習熟は家庭任せになります。

　小学校の算数の授業では，解き方をしっかりと身につけ，確実に解く力をつけることが，教師にとって基本的に大切にしなければならないことの1つではないでしょうか。

　1つの問題に対して，学級全体で話し合い，思考力や表現力を育てていく方法を提案する研究授業もたくさんあってしかるべきです。けれども，一方で，算数の苦手な子が確実に問題を解く力をつけられるような授業も研究授業の場で示されるべきと考え，モデル指導案を示しています。

☑ めあて（学習課題）は授業全体を射程において

　「めあて（学習課題）」は，本時追究したいことを端的に表したものです。例えば「小数×小数の筆算の解き方を身につけよう」といったものです。

「1mの重さが1.2kgの鉄の棒があります。この鉄の棒0.8kgの重さは何kgですか」といった授業の冒頭に示すものは「問題」です。この問題を考えていくことで計算の仕方を理解させることがめあてになるわけです。問題を考える中でめあてを子どもたちから引き出し，示すことで，**子どもたちは本時を通して何ができるようになればよいのかを把握することができます。**

☑ 3つの対話的活動を活かす

本時の見通しをもつための学級全体での話し合い，解き方の説明をし合う段階でのペア対話，全体での話し合い，一般化をする段階で隣同士で問題をつくって解き合うペア学習など，**対話的な活動をうまく取り入れ，学級全体で力をつけていきます。**

> **POINT**
> 算数が苦手な子もできるようになる授業を基本として取り組もう。
> ねらい（課題）で本時の見通しをはっきりと。
> 対話的な活動を生かして，学級全体で力をつけていこう。

授業案（5年）
単元名　「小数のかけ算」
単元の指導計画（全12時間）
前時　整数×小数の計算の仕方を考える。
本時　小数×小数の計算の仕方を考える。
次時　小数×小数の筆算の仕方を考える。
本時のねらい
　整数×小数の計算のやり方で学習した，整数を基にして計算する方法を使って，小数×小数の計算を行うことができる。

モデル指導案

学習活動	教師の指導・支援 ◎個への手立て	評価 【】評価の観点（）評価方法
1　問題から本時のめあて（学習課題）をつくる。	・小数×小数の式をつくるための問題を提示する。 ・前時を想起させ，整数が小数になっても計算できそうかを問う。	

> 問題　1mの重さが1.2kgの鉄の棒があります。
> 　　　この鉄の棒0.8mの重さは何kgでしょう。

> 学習課題　小数×小数の計算の解き方を考えよう。

	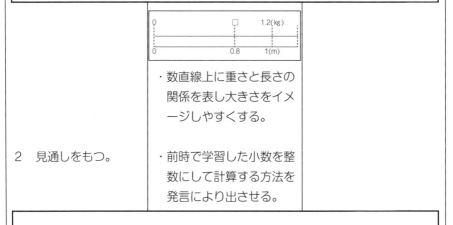 ・数直線上に重さと長さの関係を表し大きさをイメージしやすくする。	
2　見通しをもつ。	・前時で学習した小数を整数にして計算する方法を発言により出させる。	

> 見通し　小数点より下の桁数に注目して，小数を整数に直して計算する。

| 3　全体で問題を解く。 | ・立式する。
・見通しを基にして，どのように解いたらよいか隣 | |

| ```
1.2  ×  0.8  =  0.96
 ↓×10  ↓×10      ↑÷100
 12   ×  8   =  96
``` | 同士で話し合わせる。<br>・1.2を10倍，0.8を10倍して計算し，それを100でわることを視覚化し，具体的な見通しを共有し，全体で問題を解く。 | **成功へのポイント！**<br>全体で例題を解く際に，本時で使う解法を視覚的にイメージさせ，その方法を練習問題で使っていきます。 |
4　練習問題を４問解き，全体で答え合わせをする。	・隣同士で正しい解法で解けているか確認しながら解かせる。	
5　発展問題を解く。	・「1.2×0.03」を示し，これも同様に小数をいったん整数に直して計算する方法を引き出し，全体で解かせる。	
6　5の類題を４問解く。	・隣同士で正しい解法で解けているか確認しながら解かせる。	
7　小数×小数の計算の仕方をまとめる。	・小数点より下の桁数分をかけ，計算後戻すことを，子どもの言葉でまとめる。	**成功へのポイント！** お互いに問題をつくり，解き合うことで本時の学習の理解を一層主体的に進められます。
8　隣同士で問題をつくって解き合う。	・問題のレベルと問題数を決めて作成し，出題し合う。	
9　本時の振り返りをする。	・学習方法と考え方の振り返りをさせる。	・小数×小数の計算を確実に行っている。 【知・技】（ノート）
```

08 理科の指導案作成のポイントとモデル指導案

 子どもが行う実験や観察。漫然と行っていると,ポイントになることに気づくのは難しい。そればかりか,実験が始まる前は静かだった教室が騒然とすることになる。

☑ 結果の予想をはっきりさせる

　理科の授業は,実験・観察を行い,得られた結果を基に考えるのが基本の流れです。実験・観察に主体的に取り組ませ,実験・観察を焦点化して行い,学びの質を高めるためにまず必要なのは,結果の予想を立てることです。

　導入で「試験管の底をアルコールランプで熱して水を温めたら,どこから温まってくるだろうか」という学習課題を設定した後,すぐに実験に入る授業と,すぐには実験に入らず,「どこから温まってくるか予想してみましょう」と子どもたちに問いかけ,予想をしてから実験に入る授業があります。

　予想してから実験に入る授業では,子どもたちは予想が正しいか確かめようとして意欲的に実験や観察に取り組みます。また,**予想の根拠を尋ねることで,前時までに学んだことを活用する意識も働かせることができます**。

　例えば,金属を温めたときには,熱したところから温まっていったから,水も同じように試験管の底から温まるはずという予想ができます。この考え方は,予想に反して水が上から温まってくる様子を目にして,現象に対する大きな驚きへとつながり,理科の楽しさを実感することにつながります。

☑ 目のつけどころと考え方をはっきりさせて

　実験・観察の際,どこに注目するのかをはっきりさせることで,集中して

活動に取り組ませることができます。また，実験・観察の後，気づいたことを出し合う場面でも，本時に気づかせたいポイントに沿った結果を集めることができます。例えば，3年生でホウセンカの育ち方を学習する授業で，葉の数，色，茎の長さなどに注目することを共通理解して観察すると，目のつけどころに沿った結果を集めることができますが，「ホウセンカの様子を観察して気づいたことをメモしよう」といった曖昧な指示だと，子どもは様々な点について気づいたことを記録，発表し，まとまらなくなります。

☑ 役割分担をはっきりと

　だれが試験管を取りに行き，だれがアルコールランプを取りに行くかといった実験・観察前の分担や，だれがマッチで火をつけるのかといった**実験・観察中の分担を細かく決めておくことが，スムーズな活動につながります。**

> **POINT**
> 結果の予想はとても大切。
> どこに目をつけて，どう考えるのかはっきりさせて実験・観察を。
> やり方，役割分担をはっきりさせよう。

授業案（3年）
単元名　「こん虫のからだを調べよう」
単元の指導計画（全4時間）
　一次　チョウの体のつくりを調べる。
　二次　カブトムシ，クワガタ，コオロギ等の体のつくりを調べる（本時）。
　三次　ダンゴムシやクモなどの体のつくりを調べる。
本時のねらい
　体を構成する部分の数，足の数に着目し，比較することを通して，昆虫は頭・胸・腹の3つの部分から構成され，足が6本あることがわかる。

モデル指導案

学習活動	教師の指導・支援 ◎個への手立て	評価 【】評価の観点（）評価方法
1　本時の学習課題（めあて）を設定する。	・昆虫の体のつくりの特徴を見つけることを確認する。	

> **学習課題**　昆虫の体のつくりはどのようになっているのだろう。

学習活動	教師の指導・支援 ◎個への手立て	評価 【】評価の観点（）評価方法
2　見通しを設定する。「見方・考え方」の見通しを設定する。	・持ち寄ったカブトムシ，クワガタ，バッタ，トンボ，アリについて調べることを確認する。 ・足の本数，体はいくつに分かれるか，羽の数，頭にあるもの，の4点について観察し，前時に観察したチョウとの共通点と相違点をまとめていくことを確認する。 ・4つの観点について，自分が持ってこなかった昆虫がどのようになっているか予想する。	**成功へのポイント！** 活動に入る前に予想を出し合うことで，活動への意欲がぐっと高まります。

> **見通し**　自分たちが持ってきた昆虫の体のつくりを比べて，同じところと違うところを見つける。

学習活動	教師の指導・支援 ◎個への手立て	評価 【】評価の観点（）評価方法
3　観察と記録をする。	・グループになり，1種類ずつ順に，昆虫の体の観	

	察と記録をする。 ・項目を示した表を板書しそれに倣って表を作成することを指示する。 ・観点に沿って観察し，表に記録していく。	
4　各班でまとめたものをA3サイズのマグネットつきホワイトボードに書き，黒板に貼る。 5　全体をまとめた表をつくる。	・データの数を保証するために，すべてのグループの観察結果を黒板に集めるようにする。 ・各班の結果で共通することをまとめ，全体で1つの表をつくらせる。	**成功へのポイント！** 客観的なデータを，クラス全体で共有できるようにします。

	チョウ	カブトムシ	クワガタムシ	バッタ	トンボ	アリ
足の本数	6	6	6	6	6	6
体はいくつに分かれるか	3	3	3	3	3	3
はねの数	4	見えないけれどある	見えないけれどある	4	4	なし
頭にあるもの	しょっ角，目，口	しょっ角，目，口	しょっ角，目，口	しょっ角，目，口	しょっ角，目，口	しょっ角，目，口

6　昆虫の体で共通していることをまとめる。	・昆虫は足が6本，体が頭・胸・腹の3つに分かれること，頭には触覚，目，口があることが共通していることをまとめる。	
7　学習の振り返りをする。	・学習内容と見方・考え方の振り返りをさせる。	・昆虫の体の共通点をまとめている。 【知・技】（ノート）

09 音楽の指導案作成のポイントとモデル指導案

子どもたちが楽しく活動する音楽の授業をつくりたい。
けれども，楽しく活動しているだけでは授業ではない。
しっかりと力がつく授業を目指したい。

☑ 専科の先生と仲良くなる

　以前，2年生を対象に音楽で研究授業を行う機会があり，音楽専科の先生に，ピアノ伴奏の特訓をしてもらいました。音楽で研究授業を行うことになったら，指導案の作成や，伴奏など，音楽専科の先生に教えていただくことは数多くあります。音楽専科の先生が忙しそうなときは，都合のよいときを聞いて，教えていただきましょう。**こんなこと聞いたら笑われるかな，ということでも構いません。**温かく答えてくださるはずです。

☑ 願いとそのためのアプローチの仕方をもたせる

　子どもがもつ願いを大切にしましょう。願いには，2つのレベルがあります。1つは，リコーダーで「間違えないで音を出す」という技能レベルのもの。もう1つは，リコーダーで「曲の優しい感じを表したい」という内容レベルのものです。**技能レベルの願いは，内容レベルの願いを達成するための方法の1つです。**子どもたちに，これからも使えるものとしてつけたい力は技能レベルのものですが，学習意欲や達成感の高まりの点からみると，子どもの願いとしてもたせることとしては内容レベルのものが適しています。

☑ 「聞く」ときと「する」ときを分ける

授業を展開するときに，説明している間に演奏を始めてしまう子がいると，指導内容が全体に行き渡りません。日頃から，「聞く」ときと「する」ときを分けて，こういう指示を出したら練習する，こういう指示を出したら練習をストップして静かになる，という**メリハリをもたせることが大切**です。

> **POINT**
> 専科の先生と仲良くなると準備がうまくいく。
> 願いとどんな力をつけたいのかをはっきりさせておこう。
> 聞くとき，するときを分けるメリハリも重要。

授業案①（4年）
単元名　「言葉でリズムアンサンブルをつくろう」（「言葉でリズムアンサンブル」）
単元の指導計画（全2時間）
前時　4文字の言葉を使ったリズムアンサンブルの基本を学ぶ。
本時　グループでリズムアンサンブルをつくり，発表し合う。
本時のねらい
　反復，音の重なり，問いと答え，リズムに着目し，リズムアンサンブルをつくり，演奏し，リズムアンサンブルの楽しさを味わうことができる。

授業案②（6年）
単元名　「和音の美しさを味わおう」（「星の世界」）
単元の指導計画（全3時間）
前時まで　「星の世界」の主旋律，副旋律，それぞれで歌う。
本時　　　主旋律と副旋律を重ねて歌う。
本時のねらい
　主旋律と副旋律のバランスに気をつけ，和音の響きを感じ取りながら，合唱することができる。

授業案①のモデル指導案

学習活動	教師の指導・支援 ◎個への手立て	評価 【】評価の観点（）評価方法
1　リズムアンサンブルで表現するテーマ「食べ物」を設定する。	・学級で設定したテーマを表すために，グループで四文字の食べ物について，リズムアンサンブルをつくっていくことを話し合い決めていく。	

> 学習課題　4年3組「グルメアンサンブル」をつくろう。

2　見通しを設定する。 「見方・考え方」の見通しを設定する。	・前時使った問いと答え，音の重なり，反復，リズムの変化を取り上げる。	

> 見通し　呼びかけと応え，音の重なり，繰り返し，リズムの変化を工夫して，リズムアンサンブルをつくる。

3　活動の流れを知る。	・以下の手順で活動をしていくことを示す。 ①グループで言葉を決める。 ②表したいことと，大まかな流れを決める。（ここまで5分） ③グループで8小節のリズムアンサンブルをつくる。 ④グループ内を2つのパートに分け演奏してみる。 ⑤演奏しながら改良する。	**成功へのポイント！** 時間の目安を決めることで，活動のペースがそろいます。 **成功へのポイント！** 机間指導でグループ内で意見を出していない子に発言を促します。

		（ここまで15分） ⑥グループごとに発表し合う。（10分） ⑦グループのリズムアンサンブルをつなぎ，学級全体で行う。（5分）	
4　グループでリズムアンサンブルをつくる。		・四文字の食べ物の名前を決め，グループごとにリズムアンサンブルをつくらせる。 ・意見が分かれたときはそれぞれの意見に基づく演奏を行い，吟味する。	
5　グループでつくったリズムアンサンブルを発表し合う。		・グループで表したいことと，そのための工夫を述べてから発表させる。 ・演奏後，グループで表したいことと照らし合わせて，どんな工夫をして，どんな感じが伝わったか感想を述べさせる。	**成功へのポイント！** 発表の感想は，目的に照らし合わせた工夫の効果について言わせましょう。
6　学級全体で「グルメアンサンブル」を行う。		・演奏後，感想を言わせる。	
7　授業の振り返りをする。		・学習内容と，演奏方法の振り返りをさせる。	・音の重なり，反復，リズムの変化の工夫をしてリズムアンサンブルを演奏している。 【知・技】（演奏）

授業案②のモデル指導案

学習活動	教師の指導・支援 ◎個への手立て	評価 【】評価の観点（）評価方法
1　本時の学習課題（めあて）を設定する。	・合唱をすることで，どのような世界を表現したいのかを確認する。	**成功へのポイント！** 技能面のめあてではなく，技能を使って何を表したいのかという視点でめあてを設定しましょう。
学習課題　合唱で「星の世界」の静かで星がいっぱいの夜空を表現しよう。		
2　見通しを設定する。 「見方・考え方」の見通しを設定する。	・声量に着目し，主旋律と副旋律のバランスに気をつけること，互いのパートの音を聞き，和音の響きを感じ取ることを確認する。	
見通し　主な旋律を大切にし，和音の響きの移り変わりを感じながら歌う。		
3　活動の流れを知る。	・以下の手順で活動をしていくことを示す。 ①グループをつくる。（6人で1グループとする。グループ内で主旋律・副旋律A，Bを歌う人数をそれぞれ決める） ②特にどこを工夫してどん	**成功へのポイント！** 活動の流れの説明は，事前に模造紙等に書き，端的に行いましょう。

	な感じを表したいか相談して決める。 ③CDの伴奏に合わせて，グループで合唱したり，パート練習したりする。 ④ペアになり，聞き合い，アドバイスし合う。 ⑤グループごとに練習する。 ⑥再び，グループごとにペアになり評価し合う。 ⑦グループごとに発表し合う。 ⑧学級全体で合唱する。	
4 グループで合唱をつくる。	・グループごとに場所を指定し教室を広く使う。 ◎音程が取りにくい子に個別支援する。	**成功へのポイント！** 前時までに主旋律，副旋律の音程をおおよそ取れるようにしておきましょう。
5 グループでつくった合唱を発表し合う。	・演奏後，夜空のどんな感じが伝わったか感想を述べさせる。	
6 学級全体で合唱する。	・演奏後感想を言わせる。	
7 授業の振り返りをする。	・学習内容と，演奏方法の振り返りをさせる。	・主旋律と副旋律のバランスをとり和音の響きを感じながら合唱している。 【知・技】（演奏）

10 図画工作の指導案作成のポイントとモデル指導案

> **CHECK** のびのびと自分の思いを表現しよう，という願いだけでは満足のいく作品を制作させることは不可能。苦手な子ができるようになるにはどう指導すればよいのかを考えたい。

☑ どの子も満足する作品を

　図工が他教科と大きく異なる点は，自分が制作したものがしばらくの間展示されるということです。満足のいく作品が展示されれば，その子にとって幸せですが，制作したものが他の子と比べて見劣りするという自覚をもっている子には，展示期間中ずっと辛い思いをさせることになります。そうならないために，**どの子もテーマに沿って思いを表現できるような力をつけること**が必要になります。

☑ モデルから学ぶ

　この単元ではどの程度の作品をどうやってつくることが目標なのか，といったことを子どもが自覚することにより，主体的な学習態度が生まれ，「見方・考え方」を働かせ，表現に必要な技能を身につけていくことができます。モデルは，2つに分けることができます。1つは，**単元に入るときに見せる完成モデル**です。1つ上の学年が制作したものや，教科書に載っている作品などが使えます。もう1つは，**途中で見せる友だちの制作物**です。どのように表現したら自分のイメージに近づくことができるのか悩むとき，それを見て，どのようにつくったのか尋ねることで自分の表現に生かすことができます。2つのモデルにより，表したい世界と表す方法を学ぶことができます。

☑ 創造性を広げ合う

　子どもの見方は，実はそのままではそれほど独自なものではありません。創造性豊かな作品と出合ったり，お互いの表現から自分にないものを見つけたりすることで，創造性を育てていきましょう。

POINT
モデルから完成イメージと表現方法を学ばせよう。
創造性と技能が身につくような単元・授業の展開が大切。

授業案①（3年）
単元名　「うれしかったあのときを表そう」（「うれしかったあの気もち」）
単元の指導計画（全4時間）
前時　うれしかったことを思い浮かべ，B4の紙にアイデアスケッチをする。
本時　お互いのかいたものを見合い，表し方の工夫に学び合う。

本時のねらい
　お互いのかいたものの形，大きさ，視点，重なりについて見合い，自分の表したいことへの参考とし，表したいことを工夫して表すことができる。

授業案②（6年）
単元名　「ぼくらは名画の名探偵」（「何をかいているのかな？」）
単元の指導計画（全2時間）
前時　「自画像」（藤田嗣治）の鑑賞を行う。
本時　グループごとに3つの絵画作品の鑑賞を行う。

本時のねらい
　絵画の人物の表情，動き，服装，持ち物，部屋にあるもの，色づかいから，何を思い，何をかいているか想像することができる。

授業案①のモデル指導案

学習活動	教師の指導・支援 ◎個への手立て	評価 【】評価の観点 () 評価方法
1　本時の学習課題（めあて）を設定する。	・前時,アイデアスケッチしたものを見合い,参考にすることで,自分が表したいことをよりはっきり表せるようになりたいという願いをもたせる。	
学習課題　うれしかったことをもっとはっきり表せるようになろう。		
2　見通しを設定する。 「見方・考え方」の見通しを設定する。	・前時かいたアイデアスケッチで,モチーフの「形」「大きさ」「視点」「重なり」について創造的な見方が表れているものを紹介する。 ・制作した子に「何を表したいのか」「どのように表現の工夫をしたのか」を説明させる。	**成功へのポイント！** どのように工夫したかを語らせることが描き方の工夫の共有につながります。
見通し　形,大きさ,視点,重なりに目をつけて友だち同士アイデアスケッチを見合い,自分の作品づくりの参考にする。		
3　活動の流れを知る。	①自分が表したいことを説明する。	

		②4つの観点に沿って，その子のアイデアスケッチで参考にしたい点について出し合う。 ③参考にしたいと言われた点についてどのような方法で表したのか説明する。 ④話し合ったことを基にして新たにアイデアスケッチを行う。	
4　4人グループでお互いのアイデアスケッチを見合う。	・新たにアイデアスケッチを行う時間を30分程度確保するため，グループでの話し合いは短時間で要点的に行わせる。		**成功へのポイント！** 単元のはじめにアイデアスケッチを2回行ってから画用紙にかくことを理解させておくことが，子どもの集中力の維持につながります。
5　友だちのアイデアスケッチを参考に，新たにアイデアスケッチを行う。	・4つの観点のうち，自分の作品に取り入れてみたいことを選び，アイデアスケッチを行わせる。 ・終了時刻を示し，時間内にかき終えられる程度の細かさでかかせる。		
6　学習の振り返りをする。	・学習内容と，表現のために働かせた4つの観点の効果を振り返らせる。	・うれしかったことを4つの観点を働かせながらアイデアスケッチに表している。 【思・判・表】 （アイデアスケッチ）	

授業案②のモデル指導案

学習活動	教師の指導・支援 ◎個への手立て	評価 【】評価の観点（）評価方法
1　本時の学習課題（めあて）を設定する。	・美術作品の登場人物がどんなことを思い，何をかいたり，読んだりしているのかを想像することを確認する。	

学習課題　登場人物の思いとかいているもの，読んでいるものを推理しよう。

| 2　見通しを設定する。「見方・考え方」の見通しを設定する。 | ・前時で働かせた見方を想起させ，「表情」「動き」「服装」「持ち物」「部屋にあるもの」「色づかい」を視点に推理していくことを確認する。 | **成功へのポイント！**
前時，鑑賞のためにどんな見方を働かせるとよいか自覚をさせておきます。 |

見通し　表情，動き，服装，持ち物，部屋にあるもの，色づかいに目をつけ推理を働かせる。

| 3　各自で3枚の絵，それぞれについて，登場人物の思いとかいているもの，読んでいるものを推理する。 | ・絵は教科書に載っている「手紙を書く女」（ヨハネス・フェルメール），「手紙」（オーギュスト・ルノワール），「少女」（南薫造）の3枚を使う。
・「何を思って」「何をかいているか，読んでいるか」「目のつけどころ」 | |

	・「根拠」「理由」をノートに書かせる。	
4 グループに分かれ，鑑賞する。	・グループをつくり，鑑賞し合う。 ・各自が学習活動3で書いた鑑賞文を発表し合う。 ・6つの視点に基づいて，登場人物が何を思い，何をかいたり，読んだりしているかをグループで話し合い，考えを広げる。	
5 グループで話し合った内容を発表し合う。	・「何を思って」「何をかいているか，読んでいるか」「目のつけどころ」「根拠」「理由」を発表する。 ・グループの発表と，自分が推理したことを比較させながら聞かせ，感想を言わせる。	
6 再度自分の推理をまとめる。	・グループ追究・発表を生かしてまとめさせる。	
7 授業の振り返りをする。	・自分のイメージの広がりと見方の広がりを自覚させる。	・6つの視点に基づき，登場人物について自分なりのイメージをもっている。 【思・判・表】(ノート)

11 体育の指導案作成のポイントとモデル指導案

CHECK 授業中，ワークシートに記述する時間を長々と取ったり，延々と話し合いをしたりしていても，運動能力は高まらない。たっぷり汗をかき，力が高まる１時間に。

☑ 運動量をたっぷり確保する

　体育の授業は，子どもの運動能力を高めることが一番大切です。しかし，ワークシートに本時の願いや振り返りを記述する時間，作戦タイムなど話し合いの時間がとても長く，身体を動かす時間がしっかり確保できていない授業をよく見ます。ワークシートにたくさん書かせると，授業者は単元の中での子どもの意識の変化がわかり便利ですが，肝心の運動能力を高めるための時間は削られます。作戦タイムを長くとっても，基礎的な力がないとイメージ通りには動けません。カード，話し合い，いずれも大切なのですが，**書くこと，話し合うことの焦点を絞り，運動量をたっぷり確保しましょう**。

☑ 動きのコツを端的な言葉で

　例えば，マット運動で後転を行うとき，「目はおへそ」といったように，短い言葉でコツを示すことは大変効果的です。子どもは，端的に示されたコツを意識して運動に取り組むことができます。相互評価を行う場合にも，コツで示されたことがお互いの評価の観点となり，評価が焦点化します。
　教師からコツを示すこともありますが，**先行して動きを身につけた子どもにコツを語らせ，まとめていくことはさらに効果的**です。

✓ 発達段階に応じた相互評価を

　お互いの動きを見合い，よさと課題を見つけ，課題についてアドバイスするレベルまで求められるのは高学年ぐらいです。アドバイスをするのは難しいことです。中学年以下は，相手のよさを見つけるまでが妥当です。

POINT
まずは運動量をたっぷり確保しよう。動きのコツとなる端的な言葉を共有することは有効。相互評価は発達段階に応じて。

授業案①（2年）
単元名　「くるくるランドで楽しく遊ぼう！」
単元の指導計画（全7時間）
前時（第4時）　かえるの足打ち，川跳びを順に示し，一斉に取り組む。
本時（第5時）　ペアで見合いながら，いろいろな回り方に挑戦する。
本時のねらい
　ペアで見合いながら，後ろ転がり，前転がり，丸太転がり，かえるの足打ち，川跳びに挑戦し，それぞれの技能を高めることができる。

授業案②（5年）
単元名　「つないでアタック！」（ソフトバレーボール）
単元の指導計画（全6時間）
前時（第4時）まで　基本的な技能の習得を図りながらゲームを行ってきた。
本時（第5時）　　　チームの特徴を生かし，ゲームを行う。
本時のねらい
　チームで戦術を立て，きょうだいチームで評価し合いながら，ボールをつなぎ，アタックを決めることができる。

授業案①のモデル指導案

学習活動	教師の指導・支援 ◎個への手立て	評価 【】評価の観点（）評価方法
1　準備体操をする。		
2　マットの準備をする。		**成功へのポイント！** 日頃から移動はすべて駆け足という習慣をつけておくと，テンポよく活動を進められます。
3　本時の学習課題（めあて）を設定する。	・前回までに学習した後ろ転がり，前転がり，丸太転がり，かえるの足打ち，川跳びを思い出させ，くるくるランドでそれぞれの技を使い楽しむことに興味をもたせる。	

学習課題　5つの技を使って，くるくるランドで楽しもう。

4　活動の進め方を示す。	・ペアで見合いながらくるくるランドを回る。 ・相手の様子を見て，よくできたところを伝える。 ・うまくいかない技は練習用マットで練習する。	**成功へのポイント！** 技能的に同程度のレベルで組むことで，お互いに刺激し合って練習に取り組むことができます。
5　見通しを設定する。 「見方・考え方」の見通しを設定する。	・それぞれの技に関する動きのコツを確認する。	

見通し　動きのコツにそって，ペアのいいところを見つけよう。

6　ペアで見合いながら練習する。	・どんな技が特にできるようになりたいのか，どんな回り方をするのか，2人で確認してから行う。 ・マットを2列にし，それぞれ使えるようにし，運動量の確保をする。	

	・移動は一方向とする。 ・基本的に教師は中央にいて全体を見ながらよい姿に声をかけていく。	

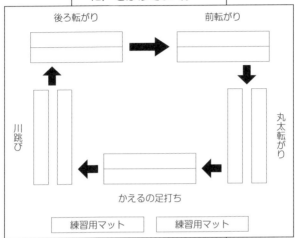

7 それぞれの技が上達した子の演技を見合う。	・全体の動きを止め，代表の子の演技を見させる。 ・動きのコツに沿って着目するポイントを示して見せる。	
8 ペアで見合いながら練習する。	・新たに集中力や意欲を高め取り組む。 ・ペアで互いに相手の子が上達した技を述べる。動きのコツのよさを確認する。	
9 本時の学習の振り返りをする。		・5つの技のいずれかに関して技能が高まっている。 【知・技】(観察)
10 マットの片づけをする。		

授業案②のモデル指導案

学習活動	教師の指導・支援 ◎個への手立て	評価 【】評価の観点（）評価方法
1　本時の学習課題（めあて）を設定する。	・相手コートからのボールをつなぎ，アタックを決めて勝つことを目指すことを確認する。	

学習課題　拾って，つないで，アタックを決め，リーグ戦で勝利をつかもう。

学習活動	教師の指導・支援 ◎個への手立て	評価 【】評価の観点（）評価方法
2　見通しを設定する。 「見方・考え方」の見通しを設定する。	・これまで見つけてきた「動きのコツ」を自分のチームに合わせ活用して，勝利を目指すことを確認する。	

見通し　「レシーブ」「キャッチトス」「アタック」「ポジション取りの動き」のコツを使う。

学習活動	教師の指導・支援 ◎個への手立て	評価 【】評価の観点（）評価方法
3　各チームで作戦を立て，きょうだいチームで確認する。	・作戦ボードを使ってポジション取りの確認をする。 ・作戦に簡単な名前をつけ，きょうだいチーム同士で作戦を伝え合わせる。	**成功へのポイント！** 日頃からボール運動の授業で作戦ボードを使い活用できるようにしておきます。
4　立てた作戦に従って，きょうだいチーム同士で練習する。	・きょうだいチームで交互に相手の作戦を行い，練習させる。 ・だれがだれの動きを評価するのか決めさせる。	

5　リーグ戦のゲーム①を行う。	・きょうだいチームのゲームを互いに見させる。 ・コート外から作戦名を適宜言わせるなどして，きょうだいチームのアドバイスをさせる。	**成功へのポイント！** チーム内での声や応援の声を大きく出すよう習慣化しておきます。
6　ゲーム①の振り返りを行う。	・きょうだいチームから作戦の効果の観点で評価させる。 ・自分が見ていた子の動きの評価をする。 ・きょうだいチームの評価を基に，ゲーム②に向けた作戦を立て，きょうだいチーム同士で作戦を知り合う。	**成功へのポイント！** きょうだいチームのだれのどんなところに着目して見るのかを具体的にしておくことが，適切な評価につながります。
7　作戦に従い練習する。	・短い練習時間を取る。	
8　ゲーム②を行う。	・作戦に従い，ゲームを行う。	・自分のチームの特徴に合わせた作戦を立てゲームを行っている。 【思・判・表】 （ゲーム①，②の観察）
9　ゲーム②を振り返る。	・①と同様に振り返る。	
10　効果的な作戦を共有する。	・ゲーム中で見られた効果的な作戦を全体に伝える。	
11　学習の振り返りを行い，次回への意欲をもつ。	・作戦の効果を振り返り，次回使いたい作戦を大まかに考える。	

12 外国語・外国語活動の指導案作成のポイントとモデル指導案

外国人はだれでもテンションが高く，声が大きいわけではない。子どもが落ち着いた気持ちの中で，何をしているのか理解しながら学べる授業をつくりたい。

☑ 子どものわかりやすさを一番に

　外国語活動の授業になると，突然テンションを上げる教師がいます。外国の方の中にもテンションが高い方とそうでない方がおり，ステレオタイプな振る舞いはかえって外国への誤解につながりますし，子どもによってはそういった姿に怖気づく場合もあります。外国語・外国語活動の学習内容はゲーム的なものが多く，教師が無理に盛り上げるまでもなく，子どもは熱中します。まずは**子どもにとってわかりやすい発問・指示を心がけていきましょう**。

　また，なんでもかんでも英語で話そうとする教師もいます。大方の子は何を指示されているのかわからず，英語塾に通っていて理解の早い子が行うことを真似していくようになります。必要に応じて日本語を使い，子ども一人ひとりが何をするのかがわかり，授業に参加できるようにしましょう。

☑ よい耳を鍛える

　子ども同士のやりとりをよく聞いていると，元の発音を間違って聞き取っているため，間違った発音で話す子が多くいます。新しい言葉を指導するときは，ゆっくり発音し，一人ひとりが正しく理解できるようにしましょう。

☑ 子どものペースを大切に

外国語活動の授業を参観すると，テンポが速い授業が少なくありません。しかし，過度にアップテンポでは子どもの理解が追いつきません。**緩急をつけ，どの子もついていける授業を心がけましょう。**

> **POINT**
> まずは子どもにとってのわかりやすさを第一に。子どもが理解しやすい発音やペースも意識しよう。

授業案①（3年・外国語活動）
単元名　「I like blue.」（「Let's Try 1」）
単元の指導計画（全4時間）
前時（第2時）　色やスポーツを好きか尋ねたり答えたりする表現を知る。
本時（第3時）　子ども同士で好きな物を尋ねたり答えたりする。
次時（第4時）　好きなものを言って自己紹介し合う。
本時のねらい
　友だちの好みを予想してインタビューをして答えを確かめ合うことを通して，好きかどうかを尋ねたり答えたりする表現に慣れ親しむ。

授業案②（6年・外国語）
単元名　「He is famous. She is great.」（「We can! 2」）
単元の指導計画（全8時間）
前時（第3時）　目的語に当たる語彙への理解を深める。
本時（第4時）　英語の語順に気づく。
次時（第5時）　語順のきまりを使い，ゲームを行う。
本時のねらい
　教材の誌面に絵カードを置く活動を通して，述語の後に目的語が来ることを理解し，語順を意識して，自分について述べることができる。

授業案①のモデル指導案

学習活動	教師の指導・支援 ◎個への手立て	評価 【】評価の観点（）評価方法
1　あいさつをする。 Hello. I'm good/OK/fine/hungry/sleepy.	・子どもにあいさつする。 Hello. How are you? /I'm good/fine/OK /hungry/sleepy.	
2　チャンツを行う。	・Do you like soccer? /Yes I do. ・Do you like swimming? /No, I don't. I don't like swimming.	
3　本時の学習課題（めあて）を設定する。		

学習課題　友だち同士で好きなものを聞いて答えよう。

4　見通しを設定する。		

見通し　Do you like〜?　Yes, I do./No, I don't. を使う。

| 5　絵カードを使って，好きなスポーツ，色を尋ね合う。 | ・最初は教師と子どもとのやりとりを行う。
・慣れてきたら子ども同士でやりとりさせる。
・教材の誌面に書かれているものについての発音を | **成功へのポイント！**
スモールステップで少しずつ表現の力を高めていきます。 |

	確認する。	
6　デジタル教材を使って，Do you like〜?の表現に慣れ親しむ（Let's Watch and Think 2 を行う）。	・デジタル教材に登場する人物が，教材の誌面に掲載されているものが好きか予想して，〇や△を書かせる。 ・デジタル教材の登場人物に Do you like〜? と尋ねさせる。	
7　友だちの好きなものを予想して，好きだと思うものに〇，嫌いだと思うものに△をつけてから，尋ね合う。	・4人分の回答が書けるような表を作成しておく。 ・同じグループの子の名前を表の中に書かせる。 ・表に書かれているものについてその子が好きかどうか予想して，好きだと予想するものには〇，嫌いだと予想するものには△をつけさせる。 ・グループ内でインタビューし合い，解答を書き込んでいく。	**成功へのポイント！** 子ども同士の活動を位置づけることで，学習している言語材料の有用感を実感させます。
8　本時の振り返りをする。	・友だちの好きなものを聞いて思ったことと，好きなものを聞く表現の仕方を振り返る。	・好きかどうかを尋ねたり答えたりする表現に慣れ親しんでいる。 【思・判・表】 （観察・振り返りカード）

第3章　各教科の指導案作成のポイントとモデル指導案

授業案②のモデル指導案

学習活動	教師の指導・支援 ◎個への手立て	評価 【】評価の観点（）評価方法
1 あいさつをする。 　Hello. I'm good/OK/ 　fine/hungry/sleepy.	・子どもにあいさつする。 　Hello. How are you? 　/I'm good/fine/OK/ 　hungry/sleepy.	
2 Small Talk を行う。	・Small Talk を行う。	
3 本時の学習課題（めあて）を設定する。		

学習課題　英語の語順を知って，自己紹介に生かそう。

| 4 見通しを設定する。 | | |

見通し　カルテットのメンバーの自己紹介の言葉の順序に気をつけよう。

学習活動	教師の指導・支援	評価
5 カルテットのメンバーがどのようなことを言っていたか聞き取って，教材の紙面の空欄に絵カードを置く。	・デジタル教材の「Let's Watch and Think 2」を視聴させ，内容に合うように絵カードを置かせていく。 ・4人のメンバーの1人ずつについてペアで答えをチェックし，そのうえで，学級全体で答えを確認する。	**成功へのポイント！** 活動に入る前に，やり方をしっかりと理解させることが，確実に力をつけることにつながります。

6 英語は，主語→述語→目的語の順に並んでいることに気づく。	・「主語」「述語」「目的語」の意味を確認したうえで，日本語は，主語→目的語→述語の順に並んでいることに気づかせる。 ・教材誌面に並べた絵カードを見て，英語の語順を考えさせる。	
7 絵カードを使って，主語→述語→目的語の順になるようにして自己紹介文をつくり発表し合う。	・「食べ物」「好きなもの」「欲しいもの」「勉強する科目」の絵カードを並べさせる。 ・並べた文をグループ内で発表し合う。	**成功へのポイント！** ゲームの目的をしっかり説明してから行うことで，子どもは集中して取り組み，効果が上がります。
8 ペアになり，意味が通るように食べ物の名前などが書かれた絵カードを並べるゲームを行う。	・目的語が最後に来ることを意識づけるために行う。 ・絵カードを，eat，like，want，studyのうちどの後に並べると意味が通るか考えさせる。 ・カードを置いたら，文を声に出して読ませる。 ・ペアで交互に行わせる。	
9 本時の振り返りを行う。	・語順を意識することで自己紹介しやすくなることを振り返らせる。	・主語→述語→目的語の順で文をつくっている。 【知・技】 （観察，振り返りカード）

13 道徳の指導案作成のポイントとモデル指導案

CHECK どんなに話し合っても，子どもにとって自分事とならなければ気持ちは育たない。今後の行動を表面的に考えても，それを支える気持ちが育っていなければ行動にはつながらない。

☑「自分だったら…」を考える

　多くの道徳の授業では，授業の中で示される資料から子どもたちは話し合い，考えていきます。その際，「太郎さんはどんな気持ちでしょう？」「太郎さんの行動についてどう思いますか？」といった資料についての発問を行うとともに，**「あなただったらどうしますか？」「あなたにも似たようなことはありませんか？」といった発問をすることが大変重要**です。

　そうすることで，資料をきっかけにして，自分の生き方を見つめ直し，よりよい生き方を考えていくことになります。

☑「なぜ」そうするのかを大切に

　例えば，あいさつの価値について考えていく授業の後半，「あなたはこれからどんな場面であいさつをしていきたいですか？」と問うと，「朝，学校に来るときに登校の安全を見守ってくださっている交通指導員の方にしたいです」などといった答えがたくさん返ってきます。

　しかし，実際のところそれだけであいさつをするようにはなかなかなりませんし，なったとしても約束事を果たしているだけかもしれません。

　行為をするにはその背後に「気持ち」があることが大切です。上にあげた例で言えば，**「私たちのために朝早くから見守ってくださる方に感謝の気持**

ちを伝えたいから」というように,「なぜ」そうするのかをはっきりさせるようにしましょう。

☑ 見方の広がりの自覚を

1時間の中で,見方がこんなに広がったという思いをもたせることで,授業の価値を子どもが一層感じるようになります。

そのために,**導入場面と終末場面で,課題に対する捉えを書き,比較させることを習慣化していきましょう。**

見方が広がることで,子どもたちは様々なかかわりの中でよりよく判断し,より適切な実践をしていくことができます。

> **POINT**
> 自分に引き寄せ,自分と比べる場面を設定しよう。
> 具体的な行動ではなく,行為の背後の気持ちを大切に。
> 多面的な見方が拡大したという自覚をもたせよう。

授業案①(4年)
主題名　「心を表すれいぎ」(「土曜日の学校」)
本時のねらい
　自分の態度に対する相手の立場や気持ちを考えることを通して,相手を敬うあいさつや言葉遣いを大切にしようとする心情を育てる。

授業案②(6年)
主題名　「よりよい学校生活を目指して」(「六年生の責任って?」)
本時のねらい
　6年生としての責任とは何かを話し合い,様々な考え方に触れることを通して,集団の中で責任を果たすことに対する心情を育てる。

授業案①のモデル指導案

学習活動	教師の指導・支援 ◎個への手立て	評価 【】評価の観点（）評価方法
1　あいさつや目上の人に対する言葉づかいを振り返り，礼儀正しくする意味について考える。 2　本時の学習課題（めあて）を設定する。	・日常生活の中での自然な姿を語らせる。 ・礼儀正しくすることへの考えをノートに書かせる	**成功へのポイント！** 普段の姿・思いを素直に語り合うことが自分事としての追究につながります。

学習課題　礼儀正しくすることの意味について考えよう。

3　見通しを設定する。		

見通し　「土曜日の学校」に登場する人たちの気持ちを考える。

4　「友花さんの話」について考え合う。	・「ちょっと大人になった気」がする理由を話し合い，あいさつの意味の1つとして他者を尊重することに気づかせる。	
5　「周大さんの話」について考え合う。	・「くやしかった気持ちがふにゃっ」となる理由を話し合い，あいさつが親和性を高めることに気づかせる。	
6　「健さんの話」について考え合う。		

\multicolumn{4}{l}{中心発問　なぜ，内山さんは健さんに厳しい言い方をしたのでしょう。}

		・丁寧な言い方をしない場合について，隣の席の子同士で，健さんと内山さん役を交代しながら役割演技を行い，内山さんの立場で気持ちと理由を発表し合う。 ・丁寧な言葉の場合について役割演技を行い，内山さんの立場で気持ちと理由を発表し合う。 ・健さんの役をしてみて，言葉遣いについて考えたことを述べ合う。	**成功へのポイント！** 隣同士で一斉に役割演技を行う際には，役割演技を行う趣旨を説明し，代表の子2名に全体の前で行わせて，やり方を周知してから行うようにします。
7　礼儀正しくすることの意味をまとめる。	・3人のエピソードから学んだ礼儀正しくすることの意味（尊重・親和性・尊敬）をまとめる。		
8　自分のこれまでのあいさつを振り返る。	・3つの意味に照らし合わせて考えさせる。		
9　今後のあいさつや言葉遣いをどうしていきたいか考える。	・行為だけではなく，なぜそうするのかも考えてノートに書き発表させる。	・相手にとって気持ちのよいあいさつや言葉遣いをしようと考えている。	
10　本時の振り返りをする。	・礼儀正しくすることの意味に関する自分の考えの広がりについて導入時と比較し振り返らせる。	【A自分自身に関すること】 （ノート）	

授業案②のモデル指導案

学習活動	教師の指導・支援 ◎個への手立て	評価 【】評価の観点 ()評価方法
1 最高学年としてどんな気持ちでどんなことに取り組んでいるか出し合う。	・児童会,登校など様々な点から考えさせる。 ・最高学年としての責任を果たすとは何を大切にして,どうすることかをノートに書かせる。	
2 本時の学習課題（めあて）を設定する。		
学習課題　最高学年としての責任を果たすとはどういうことなのだろう。			
3 見通しを設定する。		
見通し　教科書の話し合いを基に自分たちも色んな角度から考える。			
4 教材文を読み,概要をつかむ。	・教師が範読する。 ・登場人物はだれでどんな出来事が展開されているかに気をつけて聞かせる。	**成功へのポイント！** 気をつけて聞くポイントを示してから範読します。
5 ぼく,山本さん,横山さんは,それぞれどんな考え方をしているのかをつかむ。	・3人の考え方を会話文から解釈し,それぞれが何を大切にしているのかを考えさせる。	
6 自分はどの考え方がよいか選ぶ。	・3人の考え方でよいと思うものに挙手をさせる。	

7　それぞれ考えのよさや問題点を話し合う。	・異なる考えの子同士でグループをつくる。 ・その考え方をすると，学校にどんなよさがあるか，またどんな問題が起きうるか話し合い，発表し合う。	
8　最高学年としての責任を果たすとはどういうことか話し合い，発表し合う。		

> **中心発問**　最高学年としての責任を果たすとは何を大切にしてどうすることなのだろう。

	・3人の考えを確認した後，最高学年としての責任を果たすとは，何を大切にして，どうすることなのかグループで話し合い，結果を発表し合う。	
9　最高学年としての責任を果たすとはどういうことか自分の考えをまとめる。	・話し合ったことを参考にして，ノートに自分の考えをまとめ，発表させる。	・最高学年として責任を果たしていこうと考えている。 【Cよりよい学校生活】 （ノート）
10　本時の振り返りをする。	・考えの広がりを導入時と比較し振り返らせる。	

14 総合的な学習の時間の指導案作成のポイントとモデル指導案

畑で野菜をつくったり，豆腐をつくったりする体験的な学習は大いに盛り上がる。けれども，どんなに派手な活動でも，子どもに力がつかなければ学習とは言えない。

☑ 教師が見通しをもつ

　総合的な学習の時間は，子どもがやってみたいことを追究する時間ということに意識が傾き過ぎ，活動が途中で行き詰まってしまうケースがよくあります。そうならないためには，教師の方で**その活動で子どもたちにつけたい力を明確にして，ゴールまでの見通しをもっていることが最低限必要**です。

☑ 探究的な学びのサイクルを回す

　総合的な学習の時間にありがちなことは，何をやるのかがいつまで経っても子ども同士の話し合いでは決まらず，教師が投げかけた，そばをつくって食べる，動物を飼うといった活動を学級全員で一年間行っておしまい，という展開です。子どもたちには，クラスみんなで協力してがんばって楽しかった，という思い出は残りますが，これでは，学級活動になってしまいます。

　肝心なことは，探究的な見方・考え方を働かせる中で，一人ひとりがよりよく課題を解決し，自己の生き方を高めていく力をつけるということです。

　華々しい活動を展開するより，**「探究的な見方・考え方を働かせるにはどんな活動を行わせたらよいのか」**という視点で活動を設定していきましょう。

☑ どんなまとまりで評価するのかを明確に

ある総合的な学習の時間の研究授業の協議会で，ベテランの先生が言いました。「この授業だけ見てもこの活動の本質は捉えられないです」と。おかしな発言です。この発言を前提に考えると，総合的な学習の時間の研究授業は行う意味がないことになります。そうではありません。授業には必ずねらいがあります。ただし，1つのねらいを達成するまでに1時間を単位にして考える場合と，複数の時間を単位として考える場合があるということを，総合的な学習の時間の特徴の1つとして踏まえておく必要があります。

☑ 個の力を高めることを大切に

　総合的な学習の時間と学級活動の大きな違いは，個の力を高めるのか集団の力を高めるのかです。子ども一人ひとりの力を高めることを意識して活動や授業を設計しましょう。

> **POINT**
> 教師が見通しをもって，課題設定，情報収集，整理・分析，まとめ・表現のサイクルを何回も回すようにしよう。
> いつ評価するのかを明確にして，個人の学びを大切に。

授業案（4年）
単元名　「I保育園の園児さんと仲良くなろう」
単元の指導計画（全20時間）
前時　園児とペアになって行った1回目の保育園交流の振り返りを書く。
本時　お互いの成果と課題を共有し合う。
次時　保護者への発表会に向けて，学習のまとめをする。
本時のねらい
　各自がまとめた1回目の保育園交流の振り返りを知り合うことで，次回の交流に向けた工夫を考えることができる。

モデル指導案

学習活動	教師の指導・支援 ◎個への手立て	評価 【】評価の観点（）評価方法
1　本時の学習課題（めあて）を確認する。	・1回目の保育園交流での相手の園児の様子を子どもたちに尋ね，楽しく活動していたという捉えとともに，あまり楽しそうではなかったという捉えも取り上げ，2回目はもっと楽しくしたいという意欲を引き出す。 ・1回目の保育園交流の振り返りを基に2回目の交流会に向けた工夫を考えていくことを確認する。	**成功へのポイント！** 活動の必要感，めあて，めあて達成のための解決方法は，子どもに問いかけ，引き出すようにしていくことで，課題設定・課題解決の力を育てます。

学習課題　2回目の保育園交流で生かせるアイデアを考えよう。

2　見通しを設定する。	・どのようにしたらよい考えを得られるか子ども達に尋ね，前時に書いた振り返りを基にして，友だちの考えを聞いて参考にしていくことを確認する。	

見通し　振り返りを基に，お互いのアイデアを聞き合い，参考にし合う。

3　グループをつくる。	・どんなメンバーでグループをつくるか考えさせ，かかわった相手のタイプ別に，「おとなしい女の子」「おとなしい男の子」「活発な女の子」「活発な男の子」の４タイプのグループをつくる。	**成功へのポイント！** 同じような課題をもっている子同士でグループをつくり，解決方法を話し合うことにより，有効な解決策を考えることができます。
4　グループで話し合いをする。	・前時作成した振り返りシートに基づいて成果と課題，２回目に向けた工夫点を出し合う。 ・次回，どんな遊びをどんな方法で行えば楽しく出来るかという視点で，うまくいった遊びを基にしたり，経験を基にしてアドバイスしたりし合う。	**成功へのポイント！** 自分が支持する考えに執着するのではなく，それぞれの考えのよさや問題点を知り合うという目的で話し合うことを子どもに示します。
5　２回目の交流に向けたアイデアを再び考える。	・話し合いで得られた考えを参考にして次回の遊びを考える。	・２回目の交流で遊びたい遊びを相手に合わせて構想している。 【学習方法に関すること】 （ワークシート）
6　学習の振り返りをする。	・相手が同じタイプの子で話し合った効果を振り返る。	

おわりに

　教師になった1年目。
　校内の研究授業で,「ごんぎつね」のクライマックス場面での「ごん」の心情を考える授業を行いました。子どもも活躍できたし,うまくいったかなと思い,研究協議会に臨みました。しかし,そこで待っていたのは先輩教師からの批判の嵐でした。「教師の誘導」「一問一答」「読み取りが表面的」などなど。挙句の果てに「センスを疑う」とまで言われました…。
　普通はそこで一念発起して,授業力の向上に取り組むのでしょうが,子どもと休み時間にバスケットボール,サッカーをして遊ぶことを生きがいにしていた私は,特にがんばることはありませんでした。何しろ,子どもたちと自分の気持ちはどの先輩方よりつながっていると思っていたので…。
　「授業力を上げよう」
　そう思ったのは数年後のことでした。そのころも授業より休み時間に子どもと遊ぶことを中心に考えていましたが,少しずつ,子どもと気持ちがつながっていないなと思い始めた時期でもありました。そのころ,山梨で教師をしている大学時代の友人と会う機会がありました。彼から聞いたのは,「授業をこんなふうにやると子どもは楽しんで授業に参加し,活躍する」という話です。「おもしろい,やってみたい」と素直に思いました。それから研究授業を行う機会があれば立候補し,授業力を高めることを目指してきました。
　子どもたちと教師との一日の大半は授業の時間です。退屈な一日になるか,わくわくする一日になるかは,担任教師にかかっています。わくわくする一日にするには,授業力を磨く以外に方法はありません。若いうちにたくさんの授業を見て,たくさんの研究授業をして,力をつけましょう。
　最後になりましたが,本書を上梓するにあたり尽力してくださった明治図書出版の矢口郁雄氏に心より感謝いたします。
　2018年5月

　　　　　　　　　　　　　　　　　　　　　　　　　　小林　康宏

【著者紹介】
小林　康宏（こばやし　やすひろ）

長野県生まれ。横浜国立大学大学院修了後，公立小中学校に勤務。元長野県教育委員会指導主事。日本国語教育学会会員。全国大学国語教育学会会員。夢の国語授業研究会幹事。東京書籍小学校国語教科書「新しい国語」編集委員。
著書に『「言葉による見方・考え方」を育てる！ 子どもに確かな力がつく授業づくり７の原則×発問＆指示』『基幹学力をつくる音声言語活動』（いずれも明治図書）ほか。

研究授業パーフェクトガイドブック
見方・つくり方のすべてがわかる

2018年6月初版第1刷刊	Ⓒ著　者	小　　林　　康　　宏
2019年7月初版第2刷刊	発行者	藤　原　光　政
	発行所	明治図書出版株式会社

http://www.meijitosho.co.jp
（企画）矢口郁雄　（校正）大内奈々子
〒114-0023　東京都北区滝野川7-46-1
振替00160-5-151318　電話03(5907)6701
ご注文窓口　電話03(5907)6668

＊検印省略　　　組版所　長野印刷商工株式会社

本書の無断コピーは，著作権・出版権にふれます。ご注意ください。

Printed in Japan　　　ISBN978-4-18-124918-2
もれなくクーポンがもらえる！読者アンケートはこちらから →

実務が必ずうまくいく 研究主任の仕事術 55の心得

藤本 邦昭 著
Fujimoto Kuniaki

Ａ５判／132頁
1,760円＋税
図書番号：1745

校内研修の計画書づくりから、研究授業、研究発表会のプロデュース、職員の負担感の軽減まで、研究主任業務の表も裏も知り尽くした著者が明かす、実務の勘所と必ず役に立つ仕事術。若葉マークの研究主任も、この１冊さえあればこわいものなし！

実務が必ずうまくいく 教務主任の仕事術 55の心得

佐藤 幸司 著
Sato Koji

Ａ５判／128頁
1,800円＋税
図書番号：0150

必ず覚えておきたい法規の基礎知識から、教育課程を円滑に編成するためのステップ、知っているだけで仕事が数段楽になるＰＣ活用法まで、現役スーパー教務主任が明かす実務の勘所と必ず役に立つ仕事術。若葉マークの教務主任も、これさえあればこわいものなし！

明治図書　携帯・スマートフォンからは 明治図書ONLINE へ　書籍の検索、注文ができます。▶▶▶

http://www.meijitosho.co.jp　＊併記４桁の図書番号（英数字）でHP、携帯での検索・注文が簡単に行えます。
〒114-0023　東京都北区滝野川7-46-1　ご注文窓口　TEL 03-5907-6668　FAX 050-3156-2790

＊価格は全て本体価格表示です。